Claudia Cardinal

Ach, wenn ich doch unsterblich wäre ...

Claudia Cardinal

Ach, wenn ich doch unsterblich wäre …

Beruhigung in unruhigen Zeiten durch Sterbeammen und Palliative Begleitung

Impressum

 1. Auflage 2020
© Verlag Mainz

Alle Rechte vorbehalten
Printed in Germany

Gestaltung, Druck und Vertrieb:
Druck- & Verlagshaus Mainz
Süsterfeldstraße 83
52072 Aachen

www.verlag-mainz.de

Abbildungsnachweis (Umschlag):
https://pixabay.com/de/photos/boot-see-reflexion-wasser-ruhe-499585/

Abbildungsnachweis (Innen):
Abb. »Zahnziehen«: http://konkykru.com/bb-330-zahn-21.jpg; Abb. »Lebensgeister« freundlicherweise zur Verfügung gestellt von Sabine Dinkel.

ISBN-10: 3-86317-038-5
ISBN-13: 978-3-86317-038-7

Inhalt

Teil I: Beruhigung in unruhigen Zeiten   7
  Abschied nehmen   8
  Was ist Palliative Begleitung?   26
  Grundsätzliches   42
  Palliativmedizin   47
  Soziale Dienste   59
  Palliativ-Care   69
  Die spezialisierte ambulante
  Palliativversorgung SAPV   75
  Palliative Pädiatrie und Geriatrie   81
  Die Herberge – Hospize   93
  Psychoonkolog˙innen und
  die psychosoziale Onkologie   109
  Onkolotsen (Patient˙innenlotsen
  und Social-Care-Nurses)   119
  Sterbeammen und Sterbegefährten   129

Teil II: Leben wäre eine prima Alternative   147
  Abschied oder nicht?   148
  Leben!   159

Teil III: Umwälzungen in der Abschiedskultur   179
  Die andere Möglichkeit: Der Abschied naht   180
  Umwälzungen in der Abschiedskultur – Technische Vorbereitungen I. Teil   185
  Wohin mit der Leiche? – Technische Vorbereitungen II. Teil   196

Teil IV: Das spirituelle Vermächtnis   221

Teil I
Beruhigung in unruhigen Zeiten

Kapitel 1
Abschied nehmen

»Mögest du doch mit deiner Krankheit sterben – aber nicht an ihr.«
Unbekannt

Die Drohung

Wann immer sich der Sensenmann meldet, ist es, als würde ein Film abgespielt, der einen andauernden, bedrohlichen Unterton im Hintergrund hören lässt. Zuschauer wissen in diesem Moment, dass sich eine schwere Bedrohung nähert und große Gefahr auf die Held*innen wartet. Der Ausgang ist unsicher. Würde es sich um eine Serie im Fernsehen handeln, so wüssten zumindest alle, dass die Geschichte – und sei es auf noch so abstruse Weise – ein gutes Ende nehmen wird. In Serien gibt es eine Happy-End-Garantie.

Leider ist das Leben kein Film, in dem es mal ein gutes, mal ein ungutes Ende nehmen wird. Alles Lebendige wird eines Tages sterben. Das geht auch jeder Eiche so und sei sie tausend Jahre alt. Wir Menschen haben eine vergleichsweise kurze durchschnittliche Lebenszeit. Mit den etwa achtzig Jahren, die in Mitteleuropa ein Menschenleben im Durchschnitt dauert – von Ausnahmen, wie Helmut Schmidt einmal abgesehen – sind wir eher Eintagsfliegen, verglichen mit einer tausendjährigen Eiche. Ja, wir sind schnelllebig und kurzlebig. Im Grunde ist es uns klar. Doch erst dann, wenn der Tod mit seiner Drohung näher zu uns heran kommt, wird die Theorie zur Praxis. Und das hat für alle Beteiligten fatale Folgen. Wahrscheinlich stellen wir uns den Tod, den Sensenmann meistens deshalb als Mörder vor, der uns hinterrücks holt oder aber von langen Leiden erlöst. Wann das sein wird, wissen wir nicht. Doch spätestens jetzt wird klar, dass irgendetwas Mächtigeres, als wir es sind, darüber zu bestimmen hat. Dann werden wir ziemlich klein und ohnmächtig.

> **»Ich habe nichts gegen das Sterben. Ich will nur nicht dabei sein, wenn es soweit ist.«**
> Woody Allen

Den Tod nur unter philosophischen Gesichtspunkten oder gar durch die Augen des Statistikers zu betrachten, ist eine sehr theoretische Angelegenheit. Mit dem Tod ändert sich alles, ganz einfach alles und es ist vorbei und ausgelöscht, was einmal war. Egal, was ein Mensch denken und sich vorzustellen vermag: das ganz eigene, persönliche Universum wird ausgelöscht und von einem Tag auf den anderen vernichtet.

Die mahnende Schrift an der Wand ...

Totentänze sind Wandmalereien aus Zeiten, in denen nur wenige der Schrift mächtig waren. Deshalb wurden Zusammenhänge durch Wandbilder verdeutlicht. Auf den Totentänzen des Mittelalters trat der Sensenmann in Form eines Gerippes in Erscheinung. Dieses Gerippe – der Tod – holt früher oder später alle zu sich. In diesen »Comics« früherer Zeiten trat er einmal neben ein Kind, dann erschien er neben einem Landmann, er war an der Seite des Pfaffen und an der Seite des Grafen oder Königs. Auch das junge Mädchen hatte den Sensenmann neben sich stehen. Es wird angenommen, dass die Totentänze in den Zeiten der Pest entstanden sind. Die Kirche nutzte die Malereien dann in ihrem eigenen Sinne als mahnendes Bild für die Sünde, die in jedem Tanz liegt und den Tod nach sich zieht. Doch die spätmittelalterlichen Totentänze und ihre Nachfolger in der

Frühen Neuzeit besaßen offensichtlich noch einen anderen Zweck: Kritik an vermeintlich überkommenen Gesellschaftsstrukturen. Die Bilder bedeuteten, dass der Tod in seiner Erscheinung alle Menschen durch seine Macht gleich behandelte und damit natürlich letztlich auf eine einzige Stufe stellte. Er macht nicht vor jungen Menschen Halt, geschweige denn vor Kaisern und Pfaffen! Ja, es bleibt, wie es ist: alle Menschen sind sterblich!

Ein Fluch lastet auf uns – Freikaufen unmöglich

Jede schlechte Diagnose ist ein Fluch, der nicht so einfach wieder abgeschüttelt werden kann. Das geht Menschen mit einer Allergie ähnlich: Allergien sind – nach medizinischen Gesichtspunkten – kaum heilbar und können nur durch Meidung der allergenen Substanz und symptomhemmende Medikamente gelindert werden. Nun sind Allergien extrem lästig, doch der Sensenmann ist in der Regel keineswegs der Begleiter dieser Krankheit. Dennoch wissen die Betroffenen, dass sie der Allergie nicht entrinnen können. Und das ist bei sehr vielen chronischen Krankheiten – wie bei der Diagnose Demenz – auch der Fall. Auch das sind Flüche, vor denen es kein Entrinnen gibt.

Der Tod allerdings, wenn er sich – z.B. durch eine lebensbedrohliche Erkrankung – meldet, kann ein endgültiges Todesurteil mit sich bringen. Das ist ein Urteil, bei dem den Betroffenen oftmals unklar ist, weshalb dieses ausgerechnet SIE und dazu ausgerechnet JETZT getroffen hat. Und wenn es um eine Begleitung durch eine palliative oder hospizliche Einrichtung geht, so steht in fast allen Fällen eine Krebserkrankung im Hintergrund.

In der überwiegenden Zahl der Fälle wird dieses (Todes-)Urteil erst einmal dadurch abgemildert, dass die Betreffenden sich in eine Untersuchung und die unweigerlich darauf folgende Behandlung begeben. In Fällen einer Krebserkrankung ist dies jene Abteilung, die sich mit den onkologischen Behandlungen beschäftigt (aus dem griechischen Onkos = »geschwollen«).

Himmel und Hölle – ist gar kein Kinderspiel

Jetzt beginnt das eigentliche Spiel von »Himmel und Hölle«. Mit bangem Herzen und klammen Gedanken werden jede folgende Untersuchung und deren Ergebnisse furchtsam erwartet. Besonders schlimm wird es dann, wenn wiederholte Untersuchungen gemacht werden müssen, um möglichst genaue Ergebnisse zu bekommen. Die – oftmals lange – Wartezeit ist für die Betroffenen eine der Schlimmsten, denn ihre Gedanken pendeln tatsächlich zwischen Himmel und Hölle. »Himmel« würde bedeuten: Falsches Ergebnis und die »Hölle« heißt dann: Das Todesurteil! Es gehört entweder eine Menge an Mut oder eine gehörige Portion Verdrängung dazu, diesen Schwebezustand abwarten und aushalten zu können. Möglicherweise schiebt sich die besondere Form an Fassungslosigkeit als Puffer dazwischen, die von Elisabeth Kübler-Ross als »Nicht-Wahrhaben-Wollen« bezeichnet wurde. Es gibt immer wieder Menschen, die diesen Zustand durchaus lange aushalten können. In diesem Schwebezustand erwarten alle Beteiligten das, was als Endergebnis kommen mag. Verdichtet sich jetzt ein Verdacht, dann platzt die Bombe. Ob eine freundlichere, hoffungsvollere, achtsamere Überbringung von Nachrichten und Diagnosen nicht einiges an diesem furchtbaren Elend lindern könnte?

Eine lebensbedrohliche Diagnose bedeutet, dass entweder Aufschub gestattet wird, was heißt, das Leben geht weiter oder aber der Abschied naht! Und da es niemandem gewährt wird, in die Zukunft sehen zu können, so wissen wir spätestens jetzt, dass neben jedem noch so löblichen medizinischen Ansatz die eigentliche Regie aus einer anderen Dimension kommt und ab jetzt auch von dieser übernommen wird. Die Wahrscheinlichkeit, an einer lebensbedrohlichen Diagnose zu sterben, ist hoch. Sicher jedoch ist sie nicht.

Ja, es sind sehr besondere Monster, die ab diesem Moment den Alltag der Betroffenen und ihrer gesamten Umgebung packen. Diese Monster mischen sich in alle Gedanken ein. Und diese Gedanken, die den Horror der Zukunft genüsslich zelebrierend ausbreiten, sind ab jetzt Mitbewohner in einem neuen Alltag. Dieser neue Alltag sehnt sich oftmals nach jener Normalität, die gefühlte Unsterblichkeit nun einmal mit sich bringt.

> »googeln« ist ein Verb geworden. Und munter wird gegoogelt, wie meine 5-Jahre-Überlebensrate aussieht – statistisch gesehen! Ich bin also eine Zahl geworden. Das ist Monsterfutter der besten Sorte. »Fressnapfparadies für Monster« – Juchhee!
> Unbekannt

> Er benutzt Statistiken wie ein Betrunkener Laternenpfähle – zur Unterstützung, nicht zur Beleuchtung.
> Andrew Lang

Fremd

Die Betroffenen stehen fassungslos vor den Scherben ihres bisherigen Alltags. So ähnlich muss es sich anfühlen, sich auf einem falschen Planeten zu wissen. Der Sensenmann hat geklopft und die eigene Unsterblichkeit fraglich werden lassen. Wie in der Fremde üblich, kommt gleichzeitig eine unbekannte und vollkommen unverständliche Sprache mit besonderen Lauten auf die Betroffenen hinzu. Das ist die Sprache der Medizin. Menschen ohne medizinische Ausbildung (also nicht Muttersprachler*innen) stehen hier vor einer besonders klugen Spezialeinheit (scheinbar) Wissender. Sehr schnell werden in der Folge Fachausdrücke, deren Bedeutung nur wenige kennen und einordnen können, in den eigenen Sprachgebrauch integriert. Fraglich ist, ob sie begriffen werden können. Und gleichzeitig sind so viele Betroffene als Aliens auf ihrem neuen Planeten damit beschäftigt, sich und ihre neue Situation wieder zu ordnen. Sie laufen fast staunend durch diese bislang unbekannte Welt, ohne zu begreifen, wo sie sich jetzt befinden. Das ist in der Fremde normal.

> »Fremder! Was guckst du so?« – »Ich bin drei Tage scharf geritten und ich warte, dass meine Seele hinterher kommt.«
> Postkartentext

Fremdsprachen lernen: die Onkologie

Dieses Spezialgebiet der Medizin beschäftigt sich mit allen gut-und bösartigen Diagnosen im Tumorgeschehen. Die Waffen, die in der Onkologie eingesetzt werden, sind darauf angesetzt, Tumore zum Verschwinden zu bringen. Zu den Waffen gehören

- Operationen
- Chemotherapien/Zytostatische Behandlungen mit Medikamenten
- Bestrahlungen verschiedener Arten
- Hormonblocker, bei entsprechender Indikation
- Immuntherapien, die sich bislang vielfach noch in Erforschung befinden

In diesen Fachbereich gehören auch alle dazugehörigen Nebenwirkungen und viele, viele Medikamente, die wieder gegen Nebenwirkungen eingesetzt werden können (siehe auch: Gutes Leben! Trotz Krebs und schwerer Krankheit, Claudia Cardinal, Herder 2016).

Aus! Therapiert! Austherapiert! Aus die Maus!

Es gibt immer wieder Menschen, die gesund und munter sind, obwohl sie vor Jahren oder Jahrzehnten eine lebensbedrohliche Diagnose mit allen dazugehörigen Folgen bekommen hatten. Und es gibt viele Menschen, die an der diagnostizierten Krankheit sterben und sich so oder so auf ihren Abschied vorbereiten müssen. Auch hier gilt die Auseinandersetzung mit dem Abschied für alle Beteiligten.

Irgendwann scheint die Weisheit aller medizinischen Prognosen, aller medizinischen Wahrscheinlichkeiten und all ihrer Möglichkeiten am Ende zu sein. Das ist der Moment, in dem jede angesetzte Behandlung nur noch lindernd sein kann. Es geht nicht mehr darum, einen betroffenen Menschen zu heilen. Diese Erkenntnis ist für alle schwer.

Was soll ich nur sagen? Und vor allem: Wie?

Auf der einen Seite haben wir die Sprachlosigkeit der Mediziner*innen, die gleichzeitig unsere eigene ist. Sterben ist in unserem Lande eine ganz und gar private Angelegenheit. Viele Menschen haben noch nie einen Toten gesehen – unabhängig davon, ob wir eine jahrzehntelange Hospiz- und Palliativbewegung haben oder nicht. Und wer denkt, dass jetzt alle Menschen einen friedlichen, würdevollen Abschied Dank der Palliativbewegung genießen können, hat sich getäuscht. Sterbende – und besonders Tote – werden versteckt. Selten dringen die Informationen über einen bevorstehenden Abschied über das persönliche Umfeld hinaus. Und so geschieht auch das Sterben in der alltäglichen Realität ganz anders, als wir es uns erwünschen und erträumen. Und es steht die Frage im Raum, weshalb Tote sofort, nachdem sie gestorben sind, abgetrennt werden von allem Lebendigem und ebenso schnell entsorgt werden. Es gilt quasi die Prämisse: »Aus den Augen aus dem Sinn.« Das jedoch ändert an den Tatsachen ebenso wenig, wie es die Folgen lindert – ganz im Gegenteil! Auf seltsame Weise gelangen Tote immer in Kellerabteilungen, obwohl sie doch noch gar nicht begraben sind (siehe auch: Karl Ove Knausgard: Sterben). In Großstädten erinnert auch kein Glockenläuten an einen Todesfall, schwarze Trauerkleidung und Beerdigungszüge fehlen und sogar die Leichenwagen sind als solche kaum mehr zu erkennen, so dezent und diskret tritt der Tod in unserem Alltag auf. Außer in Filmen: hier wird das ganze Spektakel richtig aufwändig zelebriert.

K. hatte schon vieles hinter sich gebracht: Seine Diagnose, Operationen, zytostatische Behandlung und Strahlentherapie. Und jetzt hatten Ärzte ihm angeraten, in die Palliativabteilung zu wechseln. K. saß in seinem Rollstuhl und stierte nur vor sich hin. Und dann ging noch einmal die Tür auf und ein Spezialistenteam kam herein und setzte sich. »Nun«, sagten sie, »noch muss man den Kopf nicht hängen lassen. Wir haben doch noch die Protonenbestrahlung!«. K. richtete sich auf. Später dachte er: »Doch was um Gottes Willen muss man denn eigentlich tun, wenn man den Kopf hängenlassen muss?«

A. erzählt: »Mein Onkologe sitzt hinter seinem Schreibtisch und schaut auf meine Blutwerte auf dem Flachbildschirm. Es geht mir nicht gut und ich habe Schmerzen. Er plädiert für eine weitere Untersuchung. Allein die Vorstellung treibt mir Tränen in die Augen. Doch dann kann ich eine Frage stellen: »Habe ich es richtig verstanden, dass ich 56 Gray Bestrahlung bekommen habe?« Mein Onkologe nickt. »Und habe ich es auch richtig verstanden, dass ich als maximale Dosis im Leben 60 Gray bekommen kann?« Mein Onkologe nickt.

Ich weine, denn ich weiß, was das heißt. Jetzt schiebt er den Bildschirm beiseite, schaut mir direkt ins Ge-

sicht und sagt: »Wir können es auch ganz anders machen. Sie bekommen alles, was sie brauchen, damit es Ihnen körperlich gut geht und sie machen sich ihre Zeit schön!« Ob mein Arzt genauso viel Angst hatte, wie ich selbst?«

Alle Ohnmacht geht vom Volke aus

Wir bewundern und wir fürchten die moderne Medizin und besonders ihre Vertreter. Sie scheinen schwer fassbare Adepten einer Geheimwissenschaft zu sein, von denen wir Gesundheit erwarten. Wir erhoffen uns Wunder! Doch auch für Wunder ist anzunehmen, dass es andere Dimensionen sind, die dafür zuständig sind. Wunder sind keine Disziplin einer Naturwissenschaft. Die Medizin ist eine Wissenschaft, die sehr genau weiß, dass Wunder nicht in ihr Repertoire gehören. Passiert ein Wunder, so hat es nichts mit der Medizin an sich zu tun. Dieser Zustand an sich hat mit uns Menschen nur noch wenig gemein.

Und diese Erkenntnis unserer letztendlichen Hilflosigkeit und Machtlosigkeit bedeutet ohnmächtig vor »Etwas« zu stehen und kein (Zauber)Mittel mehr zu wissen, um einen Prozess, der unweigerlich auf einen bestimmten Punkt zusteuert, stoppen zu können. Hier fällt all unsere Macht in sich zusammen und kumuliert in einer abgrundtiefen Ohnmacht. Und dies ist die Ohnmacht einer ganzen Menschheit. Der besondere Fluch des austherapierten Zustandes ist der Moment, in dem allen klar ist: Aus die Maus!

Habe Mut zu leben, sterben kann jeder.
Unbekannt

Es gibt viele Gedankenmodelle zu der einfachen Frage: »Was würdest du jetzt tun, wenn du morgen sterben würdest?« Ob wir das, was wir jetzt gerade tun, weiter tun würden?

Daraus resultiert dann auch der Satz: »Jetzt oder nie!«. Es sind nur wenige Alltagsmomente, in denen uns dieses Maß an Freiheit klar wird. Und dann rutscht diese Klarheit wieder weg und wir gehen davon aus, dass alles immer weiter laufen wird, denn unser eigenes Sterben oder das unserer Lieben ist unvorstellbar. Denn dann ist »Alles anders« – von einem Moment auf den anderen. Es ist schwer, dem eigenen Tod ins Auge zu sehen.

Und so beobachten wir weiter Morde und deren Aufklärung im allabendlichen TV-Programm, in Computerspielen und in Romanen und sind bei dieser entspannenden Freizeitbeschäftigung weit davon entfernt, den eigenen Abschied mit dem inszenierten Tod in Verbindung zu bringen.

Den Mächtigen gehört die Welt

Es gibt einige Namen für die Instanzen, die letztlich über unser Leben und unser Sterben entscheiden. Das ist ebenso von verschiedenen Glaubensmodellen abhängig, wie von der Kultur, in der wir aufgewachsen sind. Wie wir uns auch drehen und wenden mögen – die Regie führt eine andere Dimension wenn es um das Leben oder um das Sterben geht. Irgendwann ist unsere kontrollwütige Macht am Ende ihrer Weisheit und uns bleibt nichts anderes übrig, als pragmatisch, fatalistisch oder aufbäumend diese Macht anzuerkennen.

Wer immer über einen tiefen Kinderglauben verfügt, hat es möglicherweise einfacher, den eigenen Abschied – oder den unserer Lieben – anzunehmen. Denn dann würde »Alles gut werden«. Wem ein solcher Glauben keinen Halt geben kann, wird sich letztlich vor der Instanz »Natur« verbeugen müssen. Denn unabhängig davon, ob es eine geistige Dimension gibt oder nicht, sind es die Wege der Natur und ihren ganz eigenen Gesetzen, die ab jetzt Regie führen.

Folgende Instanzen sind für jeden weiteren möglichen Ausgang des Geschehens angesichts des Abschieds oder Weiterlebens verantwortlich:

- Gott, göttliche Dimension
- Der Tod
- Das Leben
- Das Schicksal
- Ein Schutzengel
- Die Natur
- Die Umweltverschmutzung durch uns Menschen

Sie sind es, die verantwortlich dafür sind, was weiter geschehen wird. Und wer weiß, ob diese großen Instanzen nicht doch in irgendeiner Weise zu einer Zusammenarbeit bereit sind? Möglicherweise sind sie uns wohl gesonnen. Und Heilung muss letztendlich nicht Weiterleben bedeuten. Auch ein friedlicher und schöner Tod kann für die Betroffenen und ihre Umgebung eine große Heilung in sich bergen. Es kann gut angehen, dass unser menschliches Dasein zu klein ist, um wirklich große Gedanken oder Vorstellungen in sich zu tragen, geschweige denn, sie entwickeln zu können.

Trümmerhaufen

Viele Menschen haben ihren tiefsten Glauben nicht in die oben angegebenen Instanzen, sondern in die Fähigkeiten und Möglichkeiten der Wissenschaften. Ihnen wird ihr bisheriger Glaube in dem Moment in tausende kleine Enttäuschungsscherben zerschmettert, in dem die Diagnose »austherapiert« im Raum angekommen ist. Die Enttäuschung darüber kann ins Gegenteil umschlagen und in tiefes und bitteres Misstrauen gegenüber jeder Medizin münden.

B. erzählt vom Tod ihres Vaters: »Die Ärzte haben etwas falsch gemacht! Als er ins Krankenhaus kam, hätten die doch etwas tun müssen! Und in der letzten Operation ist er dann gestorben. Er hätte nicht sterben müssen! Ich werde die Ärzte verklagen!« Leider war der Vater von B. ins Krankenhaus gekommen, weil seine metastasierenden Krebserkrankung ihm akute Schmerzen bereitet hatte.

Für Wunderheilungen fragen Sie nicht Ihren Arzt oder Apotheker …

Kaum etwas bringt die Betroffenen von dem Gedanken ab, auf irgendeine Weise ihre eigene Lebenszeit zu verlängern. Und wenn es nicht die Naturwissenschaft ist, dann ist es jede andere Sparte, die Heilung bringen soll.

Auf der verzweifelten Suche nach einem Wundermittel ist oftmals auch jedes Mittel recht. Hier ist Tür und Tor offen für alle, die mit Wundern heilen wollen. Das geht oft nach dem Motto: je exotischer, desto besser.

Der Padparadscha

> Hierbei handelt es sich um einen Saphir in einer leicht rosa Farbe, die Lotusblüten ähnelt. Es ist ein ebenso wertvoller, wie seltener Stein und entsprechend teuer. Ein Edelsteinhändler I. berichtet. Er hat folgende Begebenheit erlebt: ein Mann in einem ziemlich ausgemergelten Zustand kam zu seinem Messestand. Er zeigte I. einen schönen Padparadscha, den er von einem Heiler erstanden hatte. »Dieser Stein wird mein Leben retten«, sagte er zu I. und nannte den Preis, den er für den Heilstein bezahlt hatte. I. kennt sich mit Steinen aus. Er sah den Stein an, sah, dass er schön war und wusste gleichzeitig, dass der kranke Mann etwa einen doppelt so hohen Preis für ihn bezahlt hatte, als er auf dem Markt wert war.

Viele von den Substanzen, die in der Naturheilkunde verwendet werden, können durchaus ihren Sinn haben und wahrscheinlich sind etliche unter den Heiler*innen, die guten Willens und grundehrlich und in ihrem Gebiet echte Könner sind. Doch meist kommen Betroffene erst dann, wenn bereits alle Anzeichen auf »Abschied« stehen und ein Krankheitsprozess schon sehr weit fortgeschritten ist. Dann können auch so gesunde Mittel, wie z.B. Himbeeren, Brokkoli, Yoga, Heilpilze, Kurkuma oder Vitamin C usw. das Ruder auch nicht mehr herumreißen.

»Hilft Chaga bei Krebs?«
»Wenn an deinem Auto der Rückspiegel kaputt ist, dann wahrscheinlich ›Ja‹. Sollte jedoch die Bodenplatte kaputt sein, dann wird Chaga dir nicht mehr helfen können.«
Estnische Erklärung von Verkäufern eines Heilpilzes Chaga

Palliative Begleitmöglichkeiten

Wer übers Wasser gehen will, braucht ein Wunder oder etwas Unterstützung.
Brigitte Fuchs

Gestorben wird immer – der Abschied vom Leben in Utopie und Realität
In Deutschland starben im Jahr 2017 etwa 930.000 Menschen. Und etwa diese Anzahl verstirbt jedes Jahr aufs Neue. Umgeben sind die Betroffenen meist von einem ganzem Umfeld an Menschen, die auf ihre ganz eigene Weise den Weg durch ihre Trauer finden. Und zu denken, ein Trauerprozess, sei nach einem Jahr abgeschlossen, ist fehl gedacht. Trauer ist ein Langzeitprogramm. Und jedes Jahr kommen Tausende hinzu, deren Leben einen Einschnitt durchgemacht hat, der bleibende Spuren und manchmal Narben hinterlässt.

Es gibt viele verschiedene Ansätze für die Begleitung von Menschen, die sich in einer Lebenslage befinden, die eine palliative Begleitung erfordert. Selbstverständlich sollen körperliche Schmerzen durch jede Möglichkeit, die sich in der palliativen Medizin finden lässt, genutzt werden. Erst dann ist die Voraussetzung dafür gegeben, aus der Lebenszeit eine gute Zeit zu gestalten und diese ebenso wertvoll zu nutzen.

Wer Menschen befragt, wie sie reagiert haben, als sie selbst einmal dem Tod ins Auge gesehen haben und vielleicht haarscharf an ihrem eigenen Tod vorbei gekommen sind, kann Erstaunliches vernehmen: sie berichten davon, dass die Situation ihnen erschien wie ein Film, den sie selbst angeschaut haben, innerlich seltsam distanziert und dennoch beobachtend. Die Betroffenen waren gleichzeitig plötzlich in großer Klarheit dazu in der Lage, Wichtiges und Unwichtiges voneinander zu unterscheiden. Und viele Menschen antworten dann, wie sie liebevoll an ihre nahen Menschen in der Umgebung gedacht haben oder auf die Knie gefallen sind, um zu beten.

Die Macht von Katastrophen

Zeugnisse des schrecklichen Ereignisses 9/11 von New York geben Zeugnis davon, was ein Menschen zu tun vermag, wenn die Aussichtslosigkeit des Weiterlebens Realität wird und der Tod einem vor den Augen steht. Viele der betroffenen Menschen, die ihre Ausweglosigkeit begriffen hatten, riefen ihre Lieben an und sagten ihnen ihre letzten Worte, die voller Liebe und Dankbarkeit waren. Weshalb tun wir das nicht zu unseren Lebzeiten, sondern immer nur dann, wenn tatsächliche große Gefahren auf uns einstürmen? Dies könnte eine Inspiration sein, sofort damit anzufangen, liebevoll, aufmerksam und freundlich zu unseren Mitmenschen zu sein.

Die Frage, was angesichts unseres Sterbens wichtig ist und was unwichtig ist, stellt sich jedoch letztlich allen, die sich in irgendeiner Form mit ihrem Abschied von der Erde auseinandersetzen müssen und sich der palliativen Begleitung nähern.

Es betrifft alle ...

Das Wissen und die Klarheit und die Bewusstheit über das eigene Ende sind große Herausforderungen. Es ist deshalb auch nur allzu verständlich, dass viele Menschen jede Auseinandersetzung mit dem Thema vermeiden. Zu dicht käme einem die Tatsache der eigenen Endlichkeit nahe. Doch diese Herausforderung benötigt Unterstützung von außen. Betroffene sind dem »Spiel von Himmel und Hölle«, also »Hoffen und Bangen« ebenso ausgesetzt, wie ihre ganze Umgebung. Und die Umgebung besteht nicht nur aus Verwandten, sondern auch aus dem Freundes- und Bekanntenkreis, Nachbarn, Kolleg*innen usw. Diese verfolgen alles, was an Schritten auf diesem Weg geschieht mit banger Aufmerksamkeit. Gleichzeitig wissen die Betroffenen oftmals nicht, wie sie dieser Herausforderung begegnen sollen. Wahrscheinlich sind deshalb Floskeln, die niemandem wirklich hilfreich sind, an der Tagesordnung. Nur wenige Menschen im Umkreis schaffen es, die Betroffenen offen zu fragen, wie es ihnen geht, offen ihre eigenen Gedanken zu teilen und den Betroffenen ebenso offen Unterstützung anzubieten.

> *»Habt ihr gesehen? Else hat zwei Stück Kuchen gegessen. Gottseidank!«*
> *Eine Bekannte von Else in der Küche zu anderen, die gemeinsam beim Kaffeetrinken zusammen gesessen haben. Else befand sich mitten in der zytostatischen Behandlung.*

Mut kämpft ohne Degen.
Sprichwort

In der Begleitung von Menschen, die austherapiert sind und sich den »letzten« Fragen – wie es so schön heißt – stellen müssen, braucht es Individuen, die bereit sind, sich dem Unaussprechlichen zu nähern und ebenso bereit sind, tagtäglich mit Leid und mit den begleitenden Fragen konfrontiert zu werden. Und es gibt tatsächlich nicht wenige Personen, die diesen Mut aufbringen.

Verschiedene Disziplinen und Fachgebiete haben sich entwickelt – und entwickeln sich noch – um die vom Abschied betroffenen Menschen einzubinden, ihnen Unterstützung anzubieten, auch wenn fast jede Fachrichtung – auch die der Medizin mit Ausnahme der Palliativmedizin – »die Schultern hängen lässt« und ohnmächtig mit ansehen muss, wie ein ganz und gar natürliches Geschehen, der Abschied vom Leben, seinen Lauf nehmen wird.

Wie lange lebt der Mensch?
Lebt er 1000 Jahre oder nur ein einziges?
Lebt er eine Woche oder mehrere Jahrhunderte?
Wie lange stirbt der Mensch?
Was heißt eigentlich für immer?
Unbekannt

Das Lebenserhaltende ist die Vielfalt.
Richard Freiherr von Weizsäcker

Monokulturen zeigen nicht nur in der Natur ihre Schattenseiten. Monokulturen bergen immer die Gefahr in sich, dass nach festgefahrenen Schemata gehandelt wird und jede individuelle Erscheinung sich dem Gesamtkontext anpassen muss. In Monokulturen stirbt jede Vielfalt. Das geschieht sowohl auf unseren Feldern, wie auch in jeder anderen Sparte, die sich mit verschiedensten Themen beschäftigen kann. Auch die Kunst und die Naturwissenschaften sind in der Lage Monokulturen zu züchten.

Aus diesem Grunde gibt es auch in der Begleitung von Menschen, die eine palliative Behandlung benötigen – neben allen medizinischen Behandlungen – eine Vielzahl an Angeboten, die den Betroffenen und ihrem gesamten Umfeld eine weiterreichende und ihrer persönlichen Fragestellung entsprechende Unterstützung geben können. Im besten Falle arbeiten die verschiedenen Instanzen, die hier Beistand leisten können, gemeinsam und Hand in Hand.

Dann könnte, ganz im Sinne aller Beteiligten, jedes Fachgebiet die eigenen Kenntnisse mit einbringen und gemeinsam, an einem Strang ziehend und arbeitend, Betroffenen mit ihren offenen Fragen und Zweifeln eine Unterstützung aus dem bedenklich-schweren Problem bieten.

Die Finger sind der Stolz der Hand.
Sprichwort aus dem Senegal

Es wird angenommen, dass – auch durch zunehmendes Älterwerden – die Zahl der Neuerkrankungen an Krebs in den nächsten Jahren ansteigen wird. Das erfordert auch in der individuellen Begleitung Fachbereiche, die sich – über jede medizinische Behandlung hinaus – den vielfältigen Problemen und Fragestellungen der Betroffenen und ihres Umfeldes widmen.

Die Unterstützung

Beistand in einer Krankheitssituation, in denen keine Heilung in Aussicht steht, kann durch folgende Teams und Dienste gefunden und durch sie geleistet werden:

- Soziale Dienste / Krankenkassen / MDK der Krankenkassen
- Palliativmedizin
- Palliativ-Care / Spiritual-Care
- AAPV (Allgemeine ambulante Palliativversorgung)
- SAPV (Spezialisierte ambulante Palliativversorgung)
- SAPPV (Spezialisierte ambulante pädiatrische Palliativ-versorgung)
- SAGPV (Spezialisierte ambulante geriatrische Palliativversorgung)
- Hospizbewegung (ambulante/ stationäre)
- Onkolots*innen
- Psychoonkolog*innen
- Sterbeammen / Sterbegefährten

Kapitel 2
Was ist Palliative Begleitung?

Das Wort »palliativ« stammt aus dem lateinischen Wortschatz und beinhaltet »pallium« = »der Mantel«, bzw. »palliare« = »mit dem Mantel bedecken«, »umhüllen«.

> Palliativmedizin, die Definition:
> Behandlung von Patienten mit einer nicht heilbaren, [weit] fortgeschrittenen Erkrankung mit begrenzter Lebenserwartung mit dem Ziel, die Lebensqualität des Kranken zu erhalten oder zu verbessern

Wenn man friert, passt jeder Mantel.
Unbekannt

In der Medizin werden verschiedene Behandlungsansätze unterschieden. Wird eine »kurative« Behandlung angesetzt, wird davon ausgegangen, dass die Erkrankten wieder vollständig gesund werden. Anders ist es bei einer »palliativen« Behandlung. Hier wird nicht mehr davon ausgegangen, dass die Betroffenen wieder gesund werden. Sie werden dahingehend behandelt, dass ihnen Schmerzen und Ängste so weit gelindert werden, dass ihre Lebensqualität erhalten bzw. verbessert werden kann. Eine palliative Behandlung geht also von einem chronischen Verlauf bis zum Tode aus. Häufig findet auch eine »supportive«, also eine unterstützende medizinische Behandlung statt. Das bedeutet, dass z.B. durch Bluttransfusionen eine Unterstützung gegeben werden kann. Auch dann, wenn eine weitere Tumortherapie eher schaden, als nutzen würde, die Behandlung abgesetzt wird und gleichzeitig Symptome gelindert werden, handelt es sich um eine supportive Behandlung.

In den meisten Fällen werden palliative Behandlungen bei Krebserkrankungen angesetzt. Doch auch andere, chronische und nach derzeitigem Standpunkt nicht heilbare Krankheiten können palliativ versorgt werden. Hierzu gehört unter anderem auch die Demenz. Palliativ zu behandelnde Krankheiten sind auch chronische Herz- und Nierenerkrankungen. Allerdings sind diese Patient*innen nicht in einem stationären Hospiz anzutreffen. Gründe hierfür erschließen sich nicht.

Ein paar Begriffe:

- Kurative Behandlung: strebt eine Heilung an
- Adjuvante Behandlung: ergänzende Behandlung. Es wird davon ausgegangen, dass die verabreichten Medikamente allein nicht zur Heilung führen werden.
- Neoadjuvante Behandlung: vor einer Operation eine zytostatische (»chemotherapeutische«) Behandlung soll den Tumor vor der Entfernung verkleinern und so die Chancen vergrößern.
- Palliative Behandlung: zielt nicht auf Heilung ab, sondern auf die Verbesserung der Lebensqualität und Verminderung der Nebenwirkungen
- Supportive Behandlung: unterstützende Behandlung, z.B. Schmerztherapie, Blutkonserven, Mittel gegen Übelkeit/ Erbrechen usw.

Das meine ich gar nicht...

Vor wenigen Jahrzehnten wurde in Deutschland unter palliativer Behandlung verstanden, dass sowohl den Betroffenen, als auch deren Angehörigen vermittelt werden konnte, »dass ja noch etwas getan werden kann«. Und auch diese Haltungen sitzen tief verankert womöglich noch immer in unseren Köpfen. Das mag auch für eine fast aktionistisch zu beobachtende Haltung in Institutionen gelten. Sterbende werden – anders als in Hospizen - wenig in Ruhe gelassen, sondern es werden vielfach Medikamente verabreicht um in einer aussichtlos erscheinenden Situation irgendetwas tun zu können. Auf der einen Seite kann das eine zutiefst mitfühlende Haltung sein, doch auf der anderen Seite kann es bedeuten, dass Ärzt*innen, Pflegende und alle anderen Beteiligten sich ihre eigene Ohnmacht angesichts des Geschehens eingestehen müssten. Jetzt noch Medikamente zu verabreichen mag für die Aufrechterhaltung eines Hoffnungsfunken sinnvoll sein. Leider wird dadurch die Beschäftigung mit wichtigen Fragen, für die keineswegs unendlich viel Zeit bleibt, verhindert. Es bedeutet viel Mut, sich der Endgültigkeit des Lebens zu stellen.

Palliativ zu behandeln bedeutet allemal, dass eine Heilung nicht in Sicht ist und ebenso wenig angestrebt wird. Palliativ zu behandeln bedeutet auch, dass der Tod in Sicht ist, egal, wie lange das Leben noch dauern mag. Der Tod ist eher zu erwarten, als es eine Besserung des jetzigen Zustandes sein kann. Damit ist der Tod unausweichlich. Während diese Feststellung auf uns alle zutrifft, ist durch eine palliative Behandlung eine Unterstützung mit einhergehender Verbesserung der Lebensqualität möglich.

> **Keiner von uns kommt lebend hier raus. Also hört auf, euch wie ein unwichtiges Nebenprodukt zu behandeln. Esst leckeres Essen. Spaziert in der Sonne. Springt ins Meer. Sagt die Wahrheit und tragt euer Herz auf der Zunge. Seid albern. Seid freundlich. Seid komisch. Für nichts anderes ist Zeit.**
> Anthony Hopkins

»The Voice« of pain

> »Schmerz ist nicht nur die Wahrnehmung einer Gewebsschädigung, sondern ein unangenehmes Sinnes- und Gefühlserlebnis«, laut Definition der internationalen Welt-Schmerzgesellschaft (IASP).

Etwas Fühlen zu können, ist ein erstrebenswerter (sinnlicher Genuss). Zum Fühlen jedoch gehört auch der Schmerz. Es ist eben leider nicht nur der wärmende Sommerwind in unserem Haar, das liebevolle Streicheln auf unserer Haut und das Schmelzen von Schokolade auf der Zunge, das uns unser Fühlsinn vermittelt. Jeder Kältereiz, ein Muskelkater, jeder Kopfschmerz, Zahnschmerz, jeder Stoß, jeder Schlag und letztlich auch viele Krankheiten, besonders Krebserkrankungen, gehen mit massivem Fühlen, eben den begleitenden Schmerzen, einher. Kein Wunder also, dass sich über viele Jahrtausende die Furcht vor dem Fühlen, dem Schmerz in uns festgesetzt hat. Vielleicht ist es deshalb so erstrebenswert, einmal nichts fühlen zu müssen. Doch das Dasein als Lebewesen auf der Erde bringt nun einmal die Schwerkraft mitsamt allen ihren Folgen mit sich.

Die Schwerkraft heißt Schwerkraft, weil sie – ganz einfach – schwer ist

Und die Schwerkraft zeigt uns die Grenzen auf, die sich von Höhenflügen jeder Art unterscheiden. Die Geschichte der Menschheit ist lang. Und Schmerzen begleiten uns seit unseren Anfängen. Der Wunsch, diesen Schmerzen entfliehen zu können, ist ebenso alt wie unsere Geschichte. Kein Wunder also, dass die Geschichte vom Arzneimittelmissbrauch ebenso alt ist, wie die Geschichte nach der Suche von Linderung der verschiedenen Alltagsmühen und Qualen in ihrer vielfältigen Art. Auf der Erde zu leben ist eben nicht ganz einfach. Schmerzen in ihren vielfältigen Variationen gehören dazu. Alles, was den Zustand der Schwerkraft – mit allen seinen Folgen – auf der Erde ein wenig betäuben kann, ist dabei erstrebenswert. Ob es sich um medikamentöse Mittel jedweder Art handelt oder um Alkohol – jede Betäubung ist nur recht.

Lang, lang ist`s her

Es gab frühe Zeiten, in denen durchaus schon Operationen durchgeführt werden konnten. Das haben offensichtlich bereits die alten Ägypter ausprobiert. Die betroffenen Operierten sind nicht an den Folgen der Operationen gestorben, sondern am Schock. Wenn ein starker, durchdringender Schmerz vorhanden ist, geht gar nichts mehr! Das erleben die meisten Menschen bereits bei einer – keineswegs tödlichen – Zahnwurzelentzündung.

Starker Schmerz, der sehr häufig eine der gefürchtetsten Begleiterscheinungen bei Krebserkrankungen ist, kann den Betroffenen das Leben zu einer wahren Hölle werden lassen. Wenn starker Schmerz vorhanden ist, wird alles andere abgedeckt und ausgeblendet. Kaum ein Gedanke ist mehr fähig, an die Oberfläche des Bewusstseins zu gelangen. Jede Bewegung wird vermieden und den Betroffenen wird – hoffentlich – jede Diskussion auf ihrer verzweifelten Suche nach Linderung erspart.

Nur eine Illusion

Oftmals heißt es in esoterisch-spirituellen Kreisen, das Leben in seiner Gesamtheit mit Freude und Schmerz sei eine Illusion. Spätestens dann jedoch, wenn ein stechender und bohrender Schmerz den Alltag komplett auslöscht, ist die »Illusion« ausgesprochen schmerzhaft. Das ist das Problem bei allen Schmerzen, ob körperlichen oder seelischen Ursprungs: sie tun höllisch weh! Insofern ist diese (geistig-spirituell) gemeinte Aussage absurd und roh.

Übernatürliche Kräfte

Im Altertum (Altes Ägypten, Altes Griechenland, Judentum, Christentum, Hinduismus) bestand die Vorstellung, dass Schmerzen von Dämonen oder anderen höheren Mächten verursacht wurden. Schmerzen bedeuten doppelte Pein. Erstens tut jeder Schmerz weh und zweitens besteht die Frage nach der Ursache. Insofern wurde – neben aller Kräuterkenntnis – immer auch die Zugewandtheit dieser hohen Mächte beschworen. Entweder wurden Zauberer darum gebeten oder durch Gebete und Bußen wurde erhofft, dass eine große überirdische Kraft Linderung verschaffen kann. Auch Judentum und Christentum reihten sich in diese Sichtweise ein. Die Vertreibung aus dem Paradies mit der Vorgabe: »Du sollst unter Schmerzen gebären«, wie auch das Leiden Christi am Kreuz, waren Hinweise auf die Erbsünde und die Schlechtigkeit der Menschen. Insofern war Schmerz eine wohl erarbeitete und verdiente Strafe Gottes und seiner Vertreter. Kein Wunder also, dass Menschen, die Schmerzen hatten, als einerseits mutig und andererseits als bestraft von höheren Mächten angesehen wurden.

Erst durch die Aufklärung wurde Schmerz unter weltlichen Gesichtspunkten betrachtet. Dieser wurde zunehmend mehr ein Wegweiser, ein Hinweis auf Störstellen im Körper und wurde verstärkt auch so betrachtet.

Der Siegeszug

Es gibt die Queen aller Schmerzmittel: das Opium. Schon in der Steinzeit kam Schlafmohn in Europa als Kulturpflanze vor und antike Quellen belegen den Einsatz von Opium.

In einer pharmazeutischen Formelsammlung aus der Mitte des 12. Jahrhunderts wurden nicht weniger als 29 Opium-Elixiere aufgelistet. Es wird angenommen, dass der Arzneimittelabusus (Missbrauch) auch schon immer bestanden hat.

Paracelsus fand ein Mittel, das er als Allheilmittel (Stein der Unsterblichkeit) bezeichnete. Es bestand zu 90 Prozent aus Wein, der Rest war Opium, eventuell gemischt mit Bilsenkraut, Tollkirsche und/oder Alraune. Seine Erfindung Laudanum (eine alkoholische Lösung von Opium) war in Apotheken erhältlich und erfreute sich großer Beliebtheit in weiten Kreisen der Bevölkerung. Laudanum galt als Wunderdroge, Tonikum und wurde ohne jede Hemmung auch schon Kindern verabreicht. Laudanum hat nachweislich eine sowohl schmerzstillende als auch beruhigende Wirkung. Manchmal wird die Einnahme von Laudanum mit der heutigen verbreiteten Anwendung von Aspirin (Acetylsalicylsäure) verglichen. Letzteres natürlich ohne den Höhenflug, der mit der Einnahme von Opiaten einhergeht. Erst ab dem 19. Jahrhundert wurden die entstehenden Abhängigkeiten und die Suchtgefährdung beachtet. Erst 1920 wurde der bislang freie Verkauf erstmalig in Großbritannien eingestellt. Heute unterliegt jeder Verkauf von opiumhaltigen Präparaten dem Betäubungsmittelgesetz (BTMG).

Und weitere folgen...

1804 wurde das Morphin entdeckt.

> Morphin oder Morphium ist ein Hauptalkaloid des Opiums und zählt damit zu den Opiaten. Es gehört zu der Gruppe der stark wirkenden Opioide der Stufe III im WHO-Stufenschema (Klassifizierung der Schmerztherapie) und ist als Schmerzmittel bei starken und stärksten Schmerzen zugelassen.

1867 fand die erste Äthernarkose statt und 1897 wurde das erste Mal Acetylsalicylsäure, (besser bekannt als »Aspirin«) hergestellt. Mitte des 20. Jahrhunderts kam Paracetamol als weiteres Alltagsschmerzmittel auf den Markt. Und einige weitere Analgetika (Schmerzmittel) folgten diesen Mitteln. Es schien, als sei der Schmerz – die große Geißel der Menschheit – besiegt.

No brain, no pain (Grafitto)

Doch weiterhin füllten Schmerzpatient*innen die Wartezimmer, obwohl sich eine große Bandbreite verschiedener Präparate auf dem Markt befand. Langsam wurde wahrgenommen, dass körperlicher und seelischer Schmerz auf irgendeine Weise miteinander verflochten sind und es zu einseitig ist, Schmerzen als Phänomen einer gestörten Körperchemie anzusehen. Es scheint Rückkoppelungen mit dem Geist bzw. der Seele zu geben, denn anders ist nicht zu erklären, dass heutzutage trotz der vielfältigen Möglichkeiten, Schmerzen zu behandeln, dennoch so viele Menschen unter Schmerzen – auch dauerhaften – leiden.

Es gibt Menschen mit Krebserkrankungen, die keine Schmerzen haben. Es gibt auch Menschen, deren Schmerzen oft eine lange Zeit der Diagnostik braucht, bis der chronische Schmerz endlich einen passenden Krankheitsnamen gefunden hat. Die Zusammenhänge zwischen Körperorgan und persönlichem Empfinden sind dabei nur sehr schwer objektivierbar. Gedanken und Gefühle können den Schmerz beeinflussen. Beeinflussung findet ferner durch Aufmerksamkeit, tiefsitzende Glaubensvorstellungen und innere Bewertung statt. Das Schmerzempfinden ändert sich auch mit zunehmendem Alter. Ein Kind wird seinen starken Schmerz vehement zum Ausdruck bringen und es gibt viele ältere Menschen, die sich beispielsweise Verbrennungen zuziehen und ihre Tätigkeit unberührt fortführen, als sei kaum etwas gewesen. Stress wird zunehmend im Zusammenhang mit Schmerz als fördernder Faktor diskutiert.

Es gibt immer wieder Beobachtungen, dass trotz hoher Dosen an Medikamenten keine lindernde Wirkung zu erkennen ist. In diesen Fällen liegen vielfältige Hintergründe vor, die das Geschehen und die Wirksamkeit der verabreichten Medikamente beeinflussen. Ein wichtiger und zentraler Aspekt dabei ist die Frage, ob der betreffende Menschen sein Einverständnis mit diesem Prozess – so schmerzlich er auch ist – gefunden hat. Schmerzen und Ängste korrespondieren auf erschütternde Art und Weise miteinander.

Angst ist unerträglicher als der Schmerz; die Angst schärft die Empfindungen, während der Schmerz sie abstumpft.
Carmen Sylva

Akute Schmerzen weisen eindeutig auf ein ebenso akutes Geschehen hin. Das ist bei dem Beispiel Zahnschmerz leicht nachvollziehbar. Chronische Schmerzen unterliegen immer körperlichen, psychischen und sozialen Einflüssen. Jede

Körpertherapie weiß um die Zusammenhänge zwischen seelischem Schmerz (»schmerzhafte Verluste«) und deren Auswirkungen auf den Körper.

Das bildest du dir nur ein …

Eine besondere Rolle nimmt auch der Phantomschmerz ein. Dieser Schmerz wird von Menschen empfunden, die ihr amputiertes Organ weiterhin in seinen Ausmaßen fühlen und wahrnehmen, obwohl es schon gar nicht mehr da ist.

Früher wurden diese Schmerzen als Einbildung angesehen. Später wurden Erklärungsversuche abgegeben, die von geschädigten Nervenendigungen, Narbenproblemen und Ähnlichem ausgingen. Heute wird davon ausgegangen, dass Hirnveränderungen im Hintergrund stehen, obwohl die genauen Hintergründe bis jetzt nicht ausreichend erforscht sind. Es gibt eine Art »Sensorische Landkarte« im Gehirn, die auch nach Amputationen ihr Wissen behält. Auch das kann unter dem Begriff »Schmerzgedächtnis« eingeordnet werden. Es ist bekannt, dass depressive Verstimmungen und Stress auch diese Schmerzen negativ beeinflussen können.

Palliative Sedierung (terminale Sedierung)

> Brecher bersten
> am steilen Gestade
> Gischt peitscht
> zerschmettert die fliehenden Wasser
> in Böen geißelt der Wind
> unsere Körper
> wir schauen
> benommen
> von den Gewalten der See
> Hans-Christoph Neuert

Bei der palliativen Sedierung erhalten Patienten in ihrer letzten Lebensphase zur Linderung unerträglicher Leiden Medikamente, in erster Linie Benzodiazepine, die das Bewusstsein entweder dämpfen oder komplett ausschalten.

Mit großer Sorgfalt, umsichtigem Vorgehen und viel klinischer Erfahrung wird dieser Teilbereich der Behandlung im Sterbeprozess eingesetzt. Das geschieht insbesondere dann, wenn bei den Betreffenden Schmerzen und andere Symptome nicht durch gängige Maßnahmen gelindert werden können, wie es häufig der Fall ist bei Atemnot, Angst vor Ersticken und auch bei allgemeiner, massiver Angst. Ein solches Vorgehen ist natürlich riskant, denn es kann leicht dazu führen, dass der Sterbeprozess vorangetrieben wird und damit der Grenzbereich zwischen Sterbebegleitung und aktiver (in Deutschland verbotener) Sterbehilfe verschwimmt. Damit kann es leicht zu einem schädigenden Prozess kommen. Und es könnte letztlich der gesamten Bewegung der Palliativmedizin großer Schaden zugefügt werden, in dem ihre Glaubwürdigung in Verruf kommen würde. Dadurch gelangt die palliative Sedierung in die Kritik. Manchmal wird sie deshalb auch als »palliative Euthanasie« bezeichnet. Es sind meist juristische Hintergründe, weshalb hier der Eindruck entstehen kann, es handele sich um eine Grauzone, in der gemauschelt wird.

In unendlich vielen Fällen ist die palliative Sedierung Ausdruck reinen Mitgefühls und Gnade, um einem Menschen Torturen zu ersparen.

> »Wieso ist es eigentlich herzlos, wenn ich meinen Hund NICHT einschläfere, wenn dieser sterbenskrank ist? Und was ist mit mir? Was ist mit meinem kranken und leidenden Vater?«
> Unbekannt

Es handelt sich also um eine zutiefst ethische Frage, wann, wo und wie eine palliative Sedierung eingesetzt wird. Viele Diskussionen und Wünsche aller Betroffenen werden die

Pro und Contras angesichts aktiver Sterbehilfe zunehmend aufwerfen. Das Recht auf Selbstbestimmung, wie schon von Hans Küng und Walter Jens vor vielen Jahren in die Diskussion eingebracht, ist heute ebenso aktuell wie damals. Und gleichzeitig haben wir es auch hier mit der Frage nach einer Gnade angesichts eines Menschen in großer Not zu tun. Dazu ist ein hohes Maß an eigenen menschlich-ethischen Werten notwendig.

»Ich frage mich oft, ob diejenigen, die unter starken Medikamenten gestorben sind überhaupt mitbekommen haben, dass sie tot sind?«
Psychoonkologin, in einem Hospiz tätig

Folgende Definition gilt für eine palliative Sedierung:

»Die therapeutische (oder palliative) Sedierung wird im palliativmedizinischen Kontext verstanden als der überwachte Einsatz von Medikamenten mit dem Ziel einer verminderten oder aufgehobenen Bewusstseinslage (Bewusstlosigkeit), um die Symptomlast in anderweitig therapierefraktären Situationen in einer für Patienten, Angehörigen und Mitarbeitern ethisch akzeptablen Weise zu reduzieren.«
Deutsches Ärzteblatt 2014

Aktive Sterbehilfe (Euthanasie)

Euthanasie – Dieser Begriff und die dahinterstehende Idee ist gerade in Deutschland vorbelastet, wurde er doch insbesondere in der Zeit des Nationalsozialismus geprägt. So morden Ärzte unter dem Vorwand der »Rassenhygiene« und unter dem Schlagwort »Euthanasie« (von griechisch »euthanasia« = »angenehmer Tod«).

Sokrates, der große Philosoph der Antike verstand unter Euthanasie eine vernünftige Lebensführung als Vorbereitung auf den Tod. Es heißt, dass Kaiser Augustus für sich und seine nahen Menschen diese Art der euthanasia gewünscht hat, wann immer er von einem schmerzlosen Tod hörte.

1982 wurde in der Schweiz die Organisation EXIT (zwei voneinander unabhängige Vereine) gegründet. Die Organisation Dignitas wurde im Jahr 1998 in der Schweiz gegründet.

Das Recht auf Selbstbestimmung

Die Frage nach aktiver Sterbehilfe wird zunehmend deutlicher und lauter. Bislang ist aktive Sterbehilfe innerhalb Europas nur in der Schweiz (Dignitas/EXIT), in den Niederlanden, Luxemburg und Belgien erlaubt. Wohl gemerkt: es gibt strenge Richtlinien für die Zustimmung zur aktiven Sterbehilfe in den betreffenden Ländern. Die klar definierten Rahmenbedingungen eröffnen keineswegs einen Freibrief für den sauberen Suizid.

Aktive Sterbehilfe liegt dann vor, wenn ein Patient danach verlangt und der Tod durch Eingreifen von außen stattfindet. In Deutschland ist die aktive Sterbehilfe – möglicherweise auch aufgrund unserer Geschichte des Dritten Reiches und der willkürlichen Handhabung von Euthanasie durch den NS-Staat – strikt verboten und kann mit Haftstrafen geahndet werden.

»Mediziner*innen mieten wir uns als Henker! Wir wollen, dass sie unseren Tieren den letzten Atemzug schnell und schmerzlos liefern und wir wollen das für uns selbst und unsere Lieben auch. Was wohl passieren würde, wenn die Ärzteschaft uns den Knopf zum Abschalten der Geräte selbst in die Hand geben würde?«
Unbekannt

Gleichzeitig sprechen sich mittlerweile 62 Prozent der Bevölkerung für aktive Sterbehilfe aus. Unter Ärzten wird aktive Sterbehilfe in höherem Maße abgelehnt. Das ist auch deshalb nicht weiter verwunderlich, weil letztlich sie es sind, die die entsprechenden Schritte und Maßnahmen einleiten und den Sterbeprozess »in die Hand nehmen« sollen. Heute sterben 80 Prozent derjenigen, die ihren Abschied auf einer Intensivstation finden deshalb, weil die Maschinen abgestellt wurden. Ärzt*innen wissen sehr wohl darum, welche Verantwortung ihnen von einer ganzen Gesellschaft dazu in die Hände gelegt würde. Gleichzeitig sind auch hier die rechtlichen Grundlagen schwammig.

»Zum Sterben in die Schweiz fahren oder dorthin fliegen? Dann brauche ich ja nur ein One-Way-Ticket! Ob mich jemand fragt, ob ich emigrieren will?«
Eine Betroffene

Sowohl Ärzt*innen als auch Patient*innen fühlen sich ohnmächtig angesichts der momentanen Rechtslage, die die aktive Sterbehilfe unter Strafe stellt. Es bleibt den Menschen mit dem Wunsch nach einem friedlichen Tod bislang nur, den Weg ins Ausland auf sich zu nehmen.

Passive Sterbehilfe

Hierbei handelt es sich um die Unterlassung von lebensverlängernden Maßnahmen, auch wenn dadurch der Tod früher eintreten würde. Das kann entweder durch den Wunsch der Betreffenden geschehen oder auch dann, wenn alle angesetzten Behandlungsmaßnahmen keinen Erfolg versprechen oder sogar Schaden anrichten könnten.

Es findet sich also durch Unterlassen einer Handlung – insofern passiv – der Tod ein, anders, als bei der aktiven Sterbehilfe. Maßnahmen dürfen auch dann abgebrochen werden, wenn der Tod noch nicht absehbar ist und besonders dann, wenn die Sterbenden es wünschen. In diesen Fällen ist eine Patientenverfügung von großer Bedeutung.

Indirekte Sterbehilfe

Bei einer indirekten Sterbehilfe werden Medikamente verabreicht, die bestehende Leiden lindern, jedoch in Kauf nehmen, dass dadurch ein früherer Tod eintreten könnte. Die indirekte Sterbehilfe ist in Deutschland nicht strafbar. Hier ist entscheidend, dass nicht die Tötungsabsicht im Vordergrund steht und dass alles getan wurde, um Leid zu lindern. Der Bundesgerichtshof würde ganz gegenteilig ein Versäumnis der Leidenslinderung als unterlassene Hilfeleistung ansehen. Auch in diesem Falle können die rechtlichen Grundlagen unsicher sein und es liegt eine Grauzone vor.

Assistierter Suizid

Die eigentliche Beihilfe ist straffrei. Es geht darum, dass eine Unterstützung zu einem Suizid gegeben wird. Hierbei stellen Ärzt*innen oder Zugehörige den Betroffenen die Mittel zur Verfügung – sie verabreichen diese keineswegs –, damit sie sich autonom und selbstbestimmt töten können.

Hätte das Leben durch nachfolgende Maßnahmen doch noch gerettet werden können, so ist theoretisch eine Anklage wegen unterlassener Hilfeleistung möglich. D.h. wenn man mitbekommt, dass die betreffende Person die Mittel eingenommen hat, besteht die Verpflichtung dazu, Rettungsdienste zu informieren. Manchmal kann es also ganz gut sein, nichts zu wissen und auch nichts mitzubekommen.

Offene Fragen

Wenn ein Krankenpfleger (Nils Högel) aus persönlichen Gründen dafür sorgt, dass viele von ihm und seiner Pflege abhängige Menschen einen frühzeitigen Tod finden, ist das eine furchtbare Tatsache. Es ist bei allen angegebenen Verfahren, die einen früheren Tod von Menschen im Sinne einer palliativen Begleitung in Kauf nehmen, hoffentlich und sehr wahrscheinlich ein Vorgehen, das eine tiefen Gnade den betroffenen Menschen und ihrem Leid gegenüber im Sinn hat.

Aus der Sicht einer Sterbeamme

Es sind viele unterstützte Tode vorstellbar, die dem Abgrund der menschlichen »Natur« entspringen können. Menschen können zu Suiziden gedrängt werden oder sie äußern – lebensmüde geworden – selbst den Wunsch danach, alle anderen nicht mehr zu belasten oder gar zu »stören«. Wahrscheinlich ist es deshalb so schwer, allgemeine Richtlinien zu finden, die diesem vorbeugen können.

Es ist möglich, mit einem Tod einverstanden zu sein und ihn nicht – im verzweifelten Versuch, Leben zu erhalten – hinauszuzögern und damit die Qual für alle Beteiligten zu vergrößern. Die Zukunft wird zeigen, ob wir gesellschaftlich in der Lage sein werden, ethische und rechtliche Richtlinien zu schaffen, damit sich diese Sehnsüchte von Menschen erfüllen können.

Der Tod kann ein großer Heiler sein.

Kapitel 3
Grundsätzliches

Der Unterschied zwischen Theorie und Praxis ist in der Praxis weit höher als in der Theorie.
Ernst Ferstl

Mein Einwand gegen Arthur Schnitzler: dass er eine Welt in Spiritus gesetzt hat, die keinen [Spiritus] hat.
Anton Kuh

Der Spiritus

Spiritus ist der lateinische Name für »Atem«. Der Begriff wird einerseits für den Geist verwendet und andererseits für Alkohol (Ethanol). Letzterer wird durch Gärung gewonnen. Brennspiritus ist vergällter, also ungenießbar gemachter Ethanol und dient nur zu Haushalts- Reinigungszwecken. Auch Alkohol ist ein Rauschmittel, das eine Möglichkeit bietet, im Leben auf der Erde ein klein wenig Betäubung zuzulassen.

Geist

Dieser Begriff wird in Psychologie, Theologie, Medizin, Philosophie und Alltagssprache uneinheitlich verwendet. Der Begriff wird oftmals für kognitive Fähigkeiten verwendet, also für die Fähigkeit des Denkens und damit dem Verstand gleichgesetzt. In der Theologie wird der Begriff für einen nicht-materiellen Anteil in allen Lebewesen verwendet und verbindet sich von daher auch mit Jenseitsvorstellungen.

Spiritualität in der Sterbebegleitung

Der Begriff »Spiritualität« und die Forderungen nach »mehr Spiritualität in der Sterbebegleitung« sind von daher eine schwammige Angelegenheit, hinter der sich alles oder wenig verbergen kann. Es ist ganz klar eine Frage der Definition, was unter »Spiritualität« verstanden werden kann. Diese geht von einer Anerkennung des Geistes als oberste Instanz, also zuerst die Idee, dann die nach sich ziehende Umsetzung bis in die Materie, bis hin zu einer ethischen, humanistischen Grundhaltung und der Frage nach Sinnhaftigkeit.

Der Lebenssinn eines jeden Menschen kann sehr verschieden gesehen werden. Es gibt keinen objektiven Maßstab dafür. Und ein Lebenssinn muss gegeben werden. Auch der gegebene Sinn ist individuell und kann vollkommen verschieden sein. Während die einen ihren Sinn darin finden, ein Luxusleben zu führen oder Erfolg im Beruf zu haben, so möchten andere erst dann von dieser Erde gehen, wenn sie diese besser gemacht haben, als sie vorher war. Auch rein naturwissenschaftlich gesehen kann ein Lebewesen als Teil der Natur verstanden werden und somit für die Natur und ihr Fortbestehen einen Sinn ergeben. Von einem »Geist« oder »Spiritus« ist dabei keineswegs die Rede. Insofern ist auch ein »spiritueller Ansatz in der Sterbebegleitung« ein sehr kontrovers diskutierter Begriff und Anspruch. Neuerdings wird der Begriff auch vollkommen ohne Bezug auf eine höhere, geistige Dimension verwendet. Gerechtigkeit, Mitgefühl, Liebe, Demokratie und Menschenrechte könnten Gottgläubige, Agnostiker und Atheisten vereinen. Damit entspräche »Spiritualität« einem säkularisierten Humanismus. Und letztlich haben wir es in diesem Falle mit einer sozusagen »nicht-spirituellen Spiritualität« zu tun. Das wäre ebenso absonderlich, wie Wasser das nicht nass ist oder Feuer, das nicht heiß ist.

Das Ansehen der Kirchen hat gelitten. Viele Menschen suchen heute ihr eigenes Glaubenskonzept, das oftmals eine Vermischung aus vielen verschiedenen, sie überzeugenden Sichtweisen unterschiedlicher Religionen darstellt. Oftmals finden sie neue (alte) Götter in anderen Kulturen, die ihnen nahe werden oder sie suchen in fernen Teilen der Welt, was ihren Hunger nach Exotismus füttern kann. Das ist so genannte »Patch-Work Religiosität«. Kritiker warnen vor postmoderner Beliebigkeit. Fakt ist, dass nur ein tiefer spiritueller Glaube – egal aus welcher Religion oder Kultur er stammen mag - in einer Krise wirklichen Halt geben kann.

Und die Esoterik?

Unter Esoterik wird seit der Antike eine Lehre verstanden, die ausschließlich dem Inneren zugänglich ist. Es handelt sich also um geheimes, inneres Wissen, das unabhängig der naturwissenschaftlichen Weltsichten existiert. In der Esoterik befinden sich viele Geheimwissenschaften, die auf der Suche nach einer höheren Erkenntnis sind und Möglichkeiten erforschen und ergründen, diese Erkenntnisse auch zu erlangen.

Das Adjektiv »esoterisch« wird heute häufig abwertend verwendet, etwa im Sinne von »unverständlich«, »nicht ernst zu nehmen«, »versponnen« oder ganz einfach als »naiv«. Mit dieser Abfälligkeit wird alles angesehen und bezeichnet, was nicht dem naturwissenschaftlichen Mainstream entspricht. Dabei geht es bei einer esoterischen Grundhaltung darum, – ähnlich wie bei hoch angesehen Mystiker*innen – eine geistige Dimension und Göttlichkeit selbst erfahrbar zu machen und dies zu erlernen. Das gilt unabhängig von jeder Glaubenslehre.

Dass sich im esoterischen Bereich viele Menschen befinden, die andere von sich abhängig machen wollen, steht außer Frage. Doch auch außerhalb von esoterischen Gemeinschaften gibt es viele Bereiche, die es ebenso darauf abzielen, andere von sich abhängig zu machen – und sei es die Konsumgesellschaft! Offiziell gelten folgende Richtlinien:

Anbieter*innen

- versprechen auf irgendeine, auch subtile Art Heilung;
- werben mit Krankengeschichten (das ist laut Heilmittelgesetz verboten);
- werten die wissenschaftliche Psychotherapie oder die Schulmedizin ab;
- verweisen auf eigene psychische Beschwerden, die mit der Technik geheilt wurden;
- behaupten, alle körperlichen Krankheiten über die Psyche behandeln zu können;
- machen für Misserfolge den Patienten verantwortlich.

Trifft von diesen Punkten auch nur einer zu, sollten Sie misstrauisch werden. Das gilt für esoterische Gemeinschaften ebenso, wie für den ganzen Bereich der Medizin, für religiöse Gemeinschaften, für Sekten und die Naturwissenschaften ganz allgemein. Die Freiheit des Denkens ist ein hohes Gut. Und in vielen Bereichen – ganz besonders auch in medizinischen Kreisen – wird versucht, diese Freiheit der Entscheidungen einzuschränken. Die Freiheit des Denkens und der Meinungen einzuschränken, geschieht leider nicht nur in esoterischen oder Sektenkreisen. Wissenschaftliches Vorgehen – auch die Psychotherapie – dürfen nur vorsichtig kritisiert werden. Dies widerspricht den Grundlagen einer demokratischen Gesellschaft. Wissenschaftsgläubigkeit ist in sehr vielen Bereichen geradezu engagiert dabei, andere, sich auf Erfahrung stützende Fachbereiche zu diskreditieren und abzuwerten. Mediziner*innen nehmen sich durchaus das Recht, über Erfahrungsmedizin zu urteilen und dies ohne jede sachbezogene Kompetenz und ohne jede Bereitschaft, praktische Ergebnisse zur Kenntnis zu nehmen, geschweige denn, diese gelten zu lassen.

Aus der Sicht einer Sterbeamme

Mit Spiritualität im eigentlichen Sinne, wird in diesem Buch die Prämisse des Geistes verstanden, die beinhaltet, dass vor jeder Entwicklung und vor jeder Entstehung von etwas Neuem, immer zuerst die Idee dazu war. Das bedeutet: Der Geist – also nicht Materielles – gestaltet die Materie. Ein Beispiel mag das verdeutlichen: bevor irgendwo ein Haus gebaut wird, wird immer zuvor ein Architekt dieses neue Haus planen. Das ist bei einem Apfelkuchen, der duftend aus dem Ofen kommt, nicht anders. Erst ist die Idee und dann kommt – verzögert – die Materie hinterher. In der Teilchenphysik geht man mittlerweile davon aus, dass Materie aus dem Zusammenspiel von Energie und Bewusstsein entsteht und besteht. (Siehe auch: Hans-Peter Dürr: Es gibt keine Materie)

Kapitel 4
Palliativmedizin

Eine ummantelnde Medizin

Initiatorin der Palliativbewegung war Cicely Saunders. Sie war Krankenschwester, Sozialarbeiterin und Ärztin und gründete das erste Hospiz im Jahre 1967 in England. Sie war Gründerin der Hospizbewegung und des heutigen Palliative-Care-Gedankens. Ihr ist es zu verdanken, dass der Tod, der auch heute noch tabuisiert ist, ins Bewusstsein der Gesellschaft zurückkehren konnte. Die Versorgung unheilbar schwer Erkrankter und Sterbender wurde maßgeblich verbessert.

> Cicely Saunders wurde am 22. Juni 1918 in eine wohlhabende Familie in England geboren. 1944 wurde sie Krankenschwester, 1947 Sozialhelferin, später Ärztin. Ein Erlebnis mit einem sterbenden Patienten namens David Tasma, einem polnischen Juden, den sie im Jahre 1948 kennenlernte, inspirierte sie so sehr, dass sie ihr Leben ab sofort in den Dienst der Hospizarbeit stellte. David Tasma hatte das Warschauer Ghetto überlebt und war mit knapp vierzig Jahren unheilbar an Krebs erkrankt. Die beiden sprachen darüber, wie sie es anstellen sollten, eines Tages ein Heim zu schaffen, welches den Anforderungen der Schmerzkontrolle und den Vorbereitungen auf den nahen Tod besser gerecht werden könne.
>
> Cicely Saunders war sehr klar, dass seine Schmerzen nicht nur körperliche Ursachen hatten, sondern auch psychische, soziale und spirituelle. Tasma starb im Alter von vierzig Jahren und hinterließ ihr 500 Pfund mit den Worten »Ich werde ein Fenster sein in deinem Heim«. Nach Tasmas Tod arbeitete sie noch weitere drei Jahre im St. Luke's Hospital.

Ihr Ziel war es, ein Hospiz zu gründen. 1967 war es soweit, als das St. Christopher's Hospiz im südlichen London eröffnet wurde. Sie selbst sagte bei der Eröffnung, dass es jetzt neunzehn Jahre für den Bau eines Heims um das Fenster herum gebraucht habe. Die Grundidee im St. Christopher's Hospiz war es, die Bedürfnisse des Patienten zu erkennen und zu behandeln, aber auch die Bedürfnisse der Familie, um das Leid zu mildern, anstatt eine Krankheit zu bekämpfen. Sterben sollte als eine Zeit gesehen werden, die sehr viele Möglichkeiten für Heilung und Wachstum bietet. 1980 wurde sie von Queen Elizabeth mit dem Orden des Britischen Empire ausgezeichnet.

Sowohl Cicely Saunders, als auch Elisabeth Kübler-Ross sprachen sich gegen aktive Sterbehilfe aus. Die bessere Antwort auf Euthanasie sei die bessere Betreuung der Patient*innen, um sie zu überzeugen, dass sie noch immer ein wichtiger Teil der Gesellschaft sind.

Cicely Saunders starb am 14. Juli 2005 im Alter von 87 Jahren, in dem von ihr gegründeten Hospiz. Bis kurz vor ihrem Tod war sie dort noch aktiv eingespannt. Ihre Arbeit auf dem Gebiet der Palliativmedizin wurde mit zahlreichen Preisen ausgezeichnet. Inzwischen sind allein in Großbritannien über 200 Hospize nach dem Vorbild von St. Christopher's entstanden.

Hospiz- und Palliativbewegung

Wie stark die Bewegung in kurzer Zeit geworden ist, zeigen einige Zahlen auf. Ende der sechziger Jahre entstanden erste Kontakte von deutschen Mediziner*innen nach England. Zu diesem Zeitpunkt wusste kaum jemand in Deutschland, was ein Hospiz – geschweige denn Palliativmedizin – war.

2003 gab es drei stationäre Palliativärzte, im Jahr 2013 bereits 3449 stationär arbeitende Mediziner*innen. 1996 gab es 28 Palliativstationen, heute hat sich die Zahl der Hospize und Palliativstationen verachtfacht. Es gibt 326 Teams des SAPV (Spezialisierte ambulante palliative Versorgung). Seit 2014 müssen Medizinstudent*innen im Zweiten Staatsexamen verbindliche Leistungsnachweise im Fach Schmerz- und Palliativmedizin vorlegen. Alle Ärzte und Ärztinnen habe die Möglichkeit, eine Zusatzweiterbildung im Fach Palliativmedizin zu machen. Die Zahl der Mediziner*innen mit der Zusatzqualifikation ist von 100 im Jahre 2005 auf 11.440 Ende 2017 angestiegen. Es existieren mehr als 300 Palliativstationen in Krankenhäusern, drei davon für Kinder- und Jugendliche (Stand 2018).

Bislang arbeiten im Hospizbereich 120.000 ehrenamtlich engagierte Menschen. Das ist ein wahrer Siegeszug!

Schwerstkranke Menschen und Sterbende haben darüber hinaus Anspruch auf eine spezialisierte palliative Versorgung. Diese kann sowohl ambulant durch Krankenpflegedienste als auch stationär in Krankenhäusern, entsprechenden Hospiz- und Palliativstationen oder Pflegeeinrichtungen durchgeführt werden. Die Schmerztherapie nimmt einen ebenso wichtigen, wie bedeutsamen Platz in der Behandlung von Krankheiten ein.

Trotz dieser beeindruckenden Zunahme an Einrichtungen und palliativen Diensten kann noch immer nicht von einer flächendeckenden Versorgung palliativer Begleitung die Rede sein.

Moderne Zeiten

Heute können über 90 Prozent aller Patienten mit tumorbedingten Schmerzen erfolgreich behandelt werden, sodass sie schmerzfrei sind. Bei den anderen kann der Tumorschmerz zumindest auf ein erträgliches Maß gelindert werden. Das ist ein sehr beruhigender Erfolg einer besonderen Disziplin!

Heute werden besonders in der palliativen Krebsbehandlung verschiedene Medikamente (Analgetika) zur Behandlung von Schmerzen eingesetzt. Diese erfolgen nach einem 3-Stufenplan.

1. **Stufe:**
   Nicht opiod-haltige oder morphinhaltige Medikamente. Hierzu gehören z.B. Acetylsalicylsäure (Bsp. Aspirin), Paracetamol, Metamicol (Bsp. Neuralgin), Diclofenac (Bsp. Voltaren) oder Ibuprofen. Diese wirken fiebersenkend, krampflösend, entzündungshemmend und schmerzsenkend, vor allem an der Schmerzentstehung.
   Nebenwirkungen u.a.: Magen-Darmbeschwerden, evtl. aufs Knochenmark wirkend, evtl. Leber schädigend. Viele der Präparate sind rezeptfrei verkäuflich.

2. **Stufe:**
   Schwach wirkende Opiate. Sie werden meist mit Begleitmedikamenten aus Stufe 1 eingesetzt. Morphinhaltige Medikamente unterbinden die Weiterleitung und Verarbeitung des Schmerzes. Beispiele sind Codein (Tyrasol) oder Tramadol (Tramal). In der Regel werden so genannte »Retardpräparate« eingesetzt, die ihre Wirkung nach und nach freigeben und somit nicht allzu häufig eingenommen werden müssen. Einige dieser Präparate unterliegen dem Betäubungsmittelgesetz.
   Nebenwirkungen u.a.: Verstopfung, Übelkeit. Einige der Medikamente sind dem Betäubungsmittelgesetz unterworfen.

3. **Stufe:**
   Hier wirkt der klassische Stoff Morphium (siehe oben) für die Wirkung. Es dauert eine Weile, bis die Wirkung einsetzt, dafür hält sie auch länger an. Morphine stehen in Form von Sprays, Lutschtab-

letten, Tropfen Tabletten, Pflastern und Injektionen zur Verfügung.
Nebenwirkungen u.a.: Verstopfung, Übelkeit, Schläfrigkeit, Mundtrockenheit. Die Verschreibung der Präparate unterliegt dem Betäubungsmittelgesetz.

Für alle in der Schmerztherapie eingesetzten Präparate gilt, dass sie Langzeitschäden mit sich bringen können. Deshalb sollen auch Medikamente der Stufe 1 nicht dauerhaft eingenommen werden. Für Präparate der Stufe 3 gilt eine variable Obergrenze. Die Präparate können bei entsprechender Dosierung zum Tode eines Menschen führen.

Jede Substanz kann zu Abhängigkeiten führen. Besonders bekannt sind diese durch die jahrhundertelange Tradition des Genusses von Opiaten geworden. Inwieweit sich bei einer palliativen Krebsbehandlung die Gefahr der Abhängigkeit als Frage stellt, ist ein besonderes Diskussionsthema. Auch hier scheinen tief sitzende Glaubenssätze und politische Korrektheit Vorrang vor der Gnade mit Betroffenen zu haben. Die aktuelle Diskussion um die Verabreichung von Cannabis in der Schmerztherapie ist ein Hinweis darauf.

Weitere Informationen können Sie im Internet (Deutsche Krebsgesellschaft/ Krebsinformationsdienst) bekommen.

Expert'innen

Kein Schmerz ist also auf rein körperliche Ursachen zurückzuführen. Und er kann auch nicht objektiv beurteilt werden. Zu viele Hintergründe spielen hier eine Rolle und fördern oder lindern den eigenen, persönlich empfundenen Schmerz. Insofern kann es auch nur eine einzige Person sein, die Auskunft darüber geben kann, wie stark der Schmerz ist und wie eine Behandlung auszusehen habe: das ist der betroffene Mensch selbst.

Diesen Umstand achtet jede palliative Behandlung und arbeitet deshalb mit Schmerzskalen, in denen sich die Betroffenen selbst einteilen können und angeben, wie stark ihr empfundener Schmerz ist. Diese Skalen sind meist mit Smileys und Zahlen von Null bis Zehn markiert. Bei einer Einteilung bei Null heißt es, es sind keine Schmerzen vorhanden und bei einer Zahl von Zehn ist der persönlich empfundene Schmerz unerträglich. Anhand dieser Skala wird auch die Medikation angesetzt. Dies ist einer der ganz wenigen Momente in der modernen Medizin, in denen die Betroffenen Expert*innen für ihren eigenen Zustand sind und sein dürfen.

> »Frau R. reduziert regelmäßig ihre Schmerzmedikamentendosis, obwohl sie starke Schmerzen hat. Ob ich ihr einen Orden basteln sollte? ›Die Siegerin im Schmerzaushalten‹, müsste darauf stehen. Ich würde sie so gern ohne dies Leid sehen.«
> Betty, Hospizkrankenschwester

Teilen Patient*innen ihre Dosierung selbst ein, zeigt sich oftmals, dass sie selbst erheblich weniger Medikamente benötigen, als es von jemand anderem verschrieben werden würde.

Hier sollte immer genau hingesehen werden: Ist es wirklich eine geringe Schmerzempfindung oder zermürbt sich ein betroffener Mensch durch seine Schmerzen und hält sie aus, obwohl es Linderung geben könnte? Inwieweit es beim Aushalten von Schmerzen auch darum gehen kann, tiefsitzende Schuldempfindungen oder Gewissensfragen auszugleichen, ist eine Frage, die immer wieder – auch mit den Betroffenen – bewegt werden sollte.

Besser zu viel Gnade als zu viel Strafe.
Sprichwort

Der heutige medizinische Umgang mit Schmerzen ist Gnade für alle, die unter Schmerzen leiden. Und dies gilt in besonderem Maße für jede palliativmedizinische Behandlung.

Durch die Linderung von körperlichen Einschränkungen kann dem Leben tatsächlich mehr Qualität gegeben werden. »Es geht nicht darum, dem Leben mehr Tage zu geben, sondern den Tagen mehr Leben«. Diese Worte werden Cicely Saunders zugesprochen. Und hierhin liegt die wirkliche tiefe Gnade und das Verständnis für Menschen, die unter Schmerzen zu leiden haben. Damit sind wir davon befreit, Schmerzen ertragen zu müssen, mit welcher religiösen Haltung dies auch immer begründet wurde. Ja, Schmerzen zu ertragen ist eine Strafe, ob dies gottgewollt sein kann, ist eine Haltung der Gnadenlosigkeit.

Die Linderung von Schmerzen ist die Grundvoraussetzung dafür, dass ein Mensch selbstbestimmt seinen Tagesablauf einteilen und Dinge unternehmen kann, die wiederum seine Lebensqualität verbessern können. Was auch immer der Plan des jeweiligen Menschen sein mag, in heutiger Zeit ist eine Versorgung von Schmerzen im Abschiedsprozess in über 90 Prozent der Fälle möglich.

Durch die Palliative Begleitung wird alles darangesetzt, dass unterlassen wird, was Symptome verschlechtert und alles getan wird, um Symptome zu lindern. »Die letzten Meter so leicht wie möglich machen« kann dabei die Devise sein. In diesem Zusammenhang spielt die Schmerztherapie eine sehr große Rolle. Gleichzeitig gilt es, auch psychosoziale und spirituelle Aspekte zu berücksichtigen. Das Umfeld der Betreffenden wird immer mit einbezogen, wenn es um Palliative Behandlung, Palliative-Care oder palliativmedizinische Betreuung geht.

Auch Palliative Medizin, Palliativteams und Palliative-Care-Teams sind einig darin, dass aktive Sterbehilfe abgelehnt wird, die in Deutschland grundsätzlich bislang nicht erlaubt ist. Gleichzeitig wird auf der anderen Seite eine künstliche Verzögerung des Sterbens abgelehnt. Dadurch steht selbstverständlich auch die palliative Sedierung als Grauzone im Raum.

> Wenn der Tod im Raum steht, ist die palliative Begleitung ein großer Segen und wie ein wärmender Mantel, der einem Menschen in Not umgelegt wird.

Gegen das Unabänderliche hilft kein Argumentieren. Das einzige, was gegen Ostwind schützt, ist ein warmer Mantel.
James Russell Lowell

Wie wird eine Mensch Palliativmediziner*in?

Eine Zusatzqualifikation und Fortbildung nach einem medizinischen Studium. Bezahlung: Wenn Palliativmediziner*innen angestellt sind, erfolgt die Finanzierung über die jeweiligen Träger. Bei Selbständigkeit Abrechnung über Krankenkassen.

Wenn die Angst im Raume steht...

Wesentlich in der palliativmedizinischen Begleitung ist die Tatsache, dass sehr viele Menschen große Ängste haben. Diese Angst ist sowohl vor dem Leid als auch vor einer düsteren Zukunft bei den Betroffenen und ihrem Umfeld ganz normal.

In erster Linie wird davon ausgegangen, dass das Sprechen über die Ursachen und die Nähe zu anderen Menschen hilfreich sein können. Nähe und Zuwendung sollen den Betroffenen die Sicherheit geben, dass sie nicht alleine sind. Das gilt auch für die Begleitung von Menschen mit Demenz.

Zusätzliche wird auch Musik eingesetzt, die Hilfestellung zur Entspannung geben kann. Auch ätherische Öle werden eingesetzt. Hierbei ist unbedingt auf die Reaktion der Betroffenen zu achten, denn wie in allen körperlichen Ausnahmesituationen kann es ungewöhnliche Reaktionen geben.

Vielfach werden darüber hinaus Medikamente genutzt, die vorhandene Unruhe dämpfen sollen. Die Liste reicht von

Diazepam (Gruppe der Benzodiazepine) über Tavor bis Haldol (Gruppe der Butyrophenone).

Leider zeigen sich in der Praxis sehr häufig so genannte »paradoxe« Reaktionen auf die eingesetzten Medikamente und es kann überschießende Reaktionen geben, die bei den betroffenen Patient*innen und ihrer Umgebung die Ängste noch massiv verstärken können.

Palliative Chemo

Diese wird meist dann durchgeführt, wenn bereits Metastasen zu finden sind. Die zytostatische Behandlung soll das Wachstum der Metastasen hemmen und in manchen Fällen sogar zur Rückbildung bringen. Meist wachsen Tumorzellen nach einer palliativen Behandlung rasch wieder an und die Gefahr, auf einer Intensivstation zu sterben, wächst. Gleichzeitig sinkt die Rate derjenigen, die zu Hause sterben können. Eine palliative zytostatische Behandlung bewirkt nach Studien aus den USA keine Lebensverlängerung.

Nach Schätzungen bekommt nahezu jeder Krebspatient innerhalb der letzten beiden Lebenswochen eine zytostatische Behandlung. Doch es gibt mehr Hinweise darauf, dass der Schaden dabei größer ist, als der Nutzen. Hier scheint es ein deutliches Kommunikationsdefizit zu geben. Aus Vorbehalten gegenüber offenen Gesprächen wird ein möglicher Abschied in keiner Weise thematisiert und den Betroffenen ist selten klar, dass eine palliative »Chemo« keine Lebensverlängerung beinhaltet.

Antikörpertherapie

Häufig wird bei palliativ behandelten Patient*innen auch die Antikörpertherapie (targeted therapies) eingesetzt. Durch die Verabreichung von Antikörpern sollen unter anderem Zellen, die die Immunabwehr bremsen und hemmen können, abgebunden werden, sodass das körpereigene Immunsystem den Tumor zerstören kann. So genannte monoklonale (nur von einer Zelllinie produzierte) Antikörper richten sich gegen Eiweißstrukturen (Antigene) die auf Tumorzellen zu finden sind. Damit sollen die Antikörper speziell Tumorzellen treffen und – anders, als bei einer zytostatischen Behandlung – gesunde Zellen unberührt lassen. Dieser Behandlungsansatz wird auch als »Schlüssel-Schloss-Prinzip« bezeichnet. Antikörper können wichtige Wachstumssignale, die von einigen Zellen ausgehen können, abbinden und somit ein weiteres Wachstum hemmen. Es gibt heute auch Antikörper, die mit einem radioaktiven Molekül verbunden sind. Dann werden diese Antikörper zusätzlich mit einer Strahlungskomponente eingesetzt. Kritisiert wird vor allem der ungeheuer hohe Kostenaufwand für eine solche Behandlung. Andere sprechen von einer weiteren Therapiemethode, die – kaum erforscht – schon flächendeckend eingesetzt wird. Dadurch werden bei den Behandelten Hoffnungen geweckt, die dieser Therapieansatz noch lange nicht erfüllen kann. Diese Behandlungsmethode befindet sich noch in den Anfängen der Erforschung. Weiterführende Informationen zur Antikörpertherapie bietet der Krebsinformationsdienst des Deutschen Krebsforschungszentrums unter www.krebsinformationsdienst.de.

Aus der Sicht einer Sterbeamme

Lange Qual ist bitterer Tod.
Deutsches Sprichwort

Wie vielen Menschen, die von Schmerzen gequält wurden, mag in der Vergangenheit Linderung verschafft worden sein? Es ist anzunehmen, dass diese Mittel und Behandlungsmethoden nur denen zugänglich waren, die entsprechenden Einfluss – auch finanziell – hatten. Das ist heutzutage anders. Wer heute Schmerzen hat, kann einen Weg zu den Expert*innen finden, die umfassende Erleichterung verschaffen können. Dass sich daran auch eine ganze (Pharma-)Industrie erfreut, ist ein Nebeneffekt.

Alle, die mit Menschen arbeiten, die unter Schmerzen leiden, sind erleichtert und erfreut, wenn sich diese wieder entspannen können. Die Palliativmedizin ist deshalb ein Segen für alle, die den Schmerz kennen.

Die Angst mag nicht angesehen werden

Diese Tatsache ist einer der Schwachpunkte jeder Angst. Sie wird kleiner, wenn sie angeschaut wird. Insofern kann der erste Schritt durchaus sein, über die Angst zu sprechen und die Ursachen zu erforschen. Denn genau dies mag die Angst nicht.

Gleichzeitig ist dies nur ein Schritt unter vielen anderen, der die Monster der Angst versorgen und verwandeln kann. Nur Zuhören und Ansehen reichen dazu nicht.

Wer jedoch Medikamente einsetzt und dabei gleichzeitig davon ausgeht, dass das eine Lösung für die allgegenwärtige Angst wäre, hat sich getäuscht. Ganz abgesehen von den »paradoxen« Reaktionen auf die gängigen Medikamente, braucht es Wissen um die Charaktere der Ängste, es braucht Werkzeuge zur Verwandlung und es braucht den Mut, dieses ebenso unbekannte wie ungeliebte Terrain zu betreten. Und diese Arbeit braucht Zeit. Da ist es schneller und einfacher, eine Pille zur Hand zu haben. Jede Zuwendung und jedes Einlassen auf eine individuelle Verwandlung braucht Konzentration und lösungsorientierte Ideen. Wird stattdessen eine Pille eingenommen, ist das einem Alkoholrausch vergleichbar. Das ist ein kurzzeitiges »Abdeckeln« der Sorgen und Ängste, keineswegs ihre Verwandlung.

Palliativ heißt: wir wissen nichts Heilendes

Möglicherweise ist der tiefsitzende Glaube an die Allmacht der Medizin nur wenig zu erschüttern. Und weder die Behandelnden, die Begleitenden, noch die Betroffenen und ihre Umgebung haben gelernt, wie grundlegend wichtig offene Worte und Fragen sind. Das ist für alle ein großes Drama und es entsteht ein riesiges Lügengeflecht. Es wird vermieden, den drohenden Abschied anzusprechen und auszusprechen. Gleichzeitig würde das offene Wort bedeuten, die eigene Ohnmacht zugeben zu müssen und die Grenzen der Machbarkeit jeder noch so modernen Medizin anzuerkennen. Jedes Leben ist endlich! Und dieses Geschehen entzieht sich unserer Kontrolle. Um Leben und Sterben anzuerkennen braucht es eine gehörige Portion Demut.

Kapitel 5
Soziale Dienste

Sozial wird der Mensch, weil er sich selbst im andern sucht.
Karl Kraus

Soziale Dienste

> Zum ersten Programmpunkt der Sozialgesetzgebung zählte die 1883 eingeführte gesetzliche Krankenversicherung. Ein Jahr später, 1884 folgte die Unfallversicherung. 1889 wurde auf Beschluss des Reichstags auch die Invaliditäts- und Altersversicherung verabschiedet. 1891 kam schließlich noch die Rentenversicherung dazu. 1919 wurde in der Weimarer Verfassung die Schulpflicht für ganz Deutschland einheitlich beschrieben und festgelegt.

Lange Wege, lange Zeiten ...

Heute werden als »Soziale Dienste« diejenigen Einrichtungen und Organisationen bezeichnet, die in gesundheitlichen und sozialpflegerischen Bereichen tätig sind (z.B. in der ambulanten Krankenpflege, in der ambulanten Altenpflege und in der Familienpflege). Die Beratung muss sowohl im stationären als auch im ambulanten Bereich erfolgen.

Allgemein verfolgt soziale Arbeit das Ziel, Menschen in ihrer Alltags- und Lebensbewältigung zu unterstützen. Teilhabeeinschränkungen sollen abgebaut und bestehende soziale Probleme oder soziale Benachteiligungen reduziert werden. Soziale Arbeit leistet damit einen Beitrag zur Realisierung sozialer Gerechtigkeit und zur Konkretisierung des Sozialstaatsgrundsatzes.

Soziale Dienste in der Onkologie

In der onkologischen Versorgung durch soziale Dienste wird auch das Umfeld der Betroffenen einbezogen und auch ihnen wird mit Rat und Tat zur Seite gestanden. Im Diagnoseprozess, im weiteren Verlauf sowie häufig auch noch nach Abschluss der Behandlung einer Krebserkrankung sind die betroffenen Menschen und ihre Angehörigen mit vielfältigen Herausforderungen konfrontiert. Die Auswirkungen der Erkrankung betreffen neben körperlichen und psychischen Belastungen die Fähigkeit, den Alltag zu bewältigen und die bisherigen Rollen in Familie, Beruf und sozialem Leben wieder auszufüllen. Damit gehen psychische, soziale und materielle Belastungen einher, die nicht selten zu Krisen und Gefühlen der Überforderung führen. Soziale Arbeit zielt auf die Stärkung von Ressourcen und die Bewältigung entsprechender Anforderungen und Belastungen.

»Als mein Mann endlich wieder aus dem Krankenhaus zurückkam, stand der Rollstuhl für ihn schon in der Wohnung. Auch ein Hocker, auf dem er in der Badewanne sitzen konnte, stand bereit. Mir wurde sogar angeboten, dass notfalls das Bad umgebaut werden kann. Wir müssten nichts dafür bezahlen. Ein paar Tage später kam dann auch die Post mit der Hochstufung des Pflegegrades. Ich bin sehr froh über diese Erleichterung, der Alltag ist schwer genug!«
Frau P.

Sozialdienst im Krankenhaus

Dies ist eine Form der Sozialarbeit. Die gesetzlichen Grundlagen hierfür sind das V. Sozialgesetzbuch sowie die Krankenhausgesetze der Bundesländer. Durch die sozialen Dienste soll ein möglichst nahtloser, reibungsloser Übergang vom stationären Aufenthalt in die Weiterversorgung gewährleistet werden.

> Mit den Planungen ist es wie mit der Saat, ist der Boden nicht bereitet, kann nichts aufgehen.
> Peter E. Schumacher

... und ihre Bedeutung in der Palliativbegleitung

Neben allen aufwühlenden Gedanken und Fragen, die sich angesichts einer Krebserkrankung stellen, spielen auch alltäglich anmutende Zukunftssorgen eine wesentliche Rolle. Die Zuständigkeit von Einrichtungen und Behörden, aber auch die Möglichkeiten und Grenzen der Sozialgesetzgebung erscheinen den meisten Menschen oft schwer durchschaubar.

Wenn der Abschied konkret wird, stellen sich in der verbleibenden Zeit besondere Anforderungen: In der Palliativphase zeigen sich die vorausgehend genannten Probleme in gleicher Weise, teilweise in zugespitzter Form (Fragen nach konkreten Unterstützungsmöglichkeiten bei der häuslichen und pflegerischen Versorgung, nach notwendigen rechtlichen Schritten wie Rentenantrag, Vorsorgevollmacht, Patientenverfügung etc., nach Hilfestellungen im Umgang mit Ängsten).

Mit vielen Fragen, die eine schwere oder chronische Erkrankung mit sich bringen kann, stünden Betroffene ohne Beratung der Sozialen Dienste weitgehend allein da. Dabei ist es besonders wichtig, Lebensziele, Unterbringung oder Versorgungsprobleme usw. an veränderten gesundheitlichen Bedingungen neu auszurichten und gegebenenfalls fortlaufend anzupassen. Soziale Dienste beraten, informieren, vermitteln, unterstützen und organisieren die Leistungen, reichen z.B. selbständig eine Neueinstufung nach Pflegegraden ein. Die Dienste unterstützen auch, wenn Hilfsmittel erforderlich sind, etwa Rollstühle, Gehhilfen usw. Hier sind Soziale Dienste von ungeheurem Wert. Besonders wertvoll dabei: Mitarbeiter*innen der sozialen Dienste kennen sich aus im Paragrafendschungel.

Krebspatient*innen haben – auch dann, wenn sie nicht bereits palliativ versorgt werden – eine ganze Reihe an sozialrechtlichen Vergünstigungen, die ihnen zustehen. Unter anderem gibt es Unterschiede, ob ein Mensch privat- oder gesetzlich versichert ist, ob angestellt, verbeamtet oder selbständig. Auch das Bundesland, in dem die Betreffenden wohnen, spielt bei den vielfältigen, rechtlichen sozialen Vorgaben eine wichtige Rolle.

Die erste Anlaufstelle für diese speziellen Beratungen ist meist der Soziale Dienst im Krankenhaus. Die Beratungsleistung der Sozialen Dienste deckt wichtige Fragen in der onkologischen Versorgung ab. Betroffene Krebserkrankte und ihre Angehörigen benötigen Informationen und Hilfeleistungen adäquat zur individuellen Situation. Dazu gehört auch die Berücksichtigung der sozialen Gegebenheiten.

Krankengeld

Meist wird nach Ablauf von sechs Wochen Krankengeld bezahlt. Dieses beträgt 70 Prozent des Brutto-, aber maximal 90 Prozent des Nettolohns und wird für längstens 78 Wochen innerhalb von drei Jahren gezahlt. Tritt durch die Erkrankung eine teilweise oder vollständige Arbeitsunfähigkeit ein, sollte eine Erwerbsminderungsrente beantragt werden.

Entlastungen

Gesetzlich Versicherte müssen bei allen Leistungen 10 Prozent der Kosten selbst übernehmen. Das gilt für Krankenfahrten, für Arzneimittel, Heil- und Hilfsmittel, Krankenhaustagegeld und Haushaltshilfen. Hierfür gilt eine Belastungsgrenze (Höchstgrenze), die bei jährlich 2 Prozent des Brutto-Familieneinkommens liegt. Diese Höchstgrenze reduziert sich bei chronisch Kranken auf 1 Prozent.

Pflegestufen und Pflegegrade

Seit 2017 gibt es das Pflegestärkungsgesetz. Die Pflegbedürftigkeit richtet sich danach, inwieweit ein Mensch durch eine Krankheit in der Selbständigkeit oder bei anderen Fähigkeiten eingeschränkt ist. Diese Einschränkung muss mindestens sechs Monate andauern. Durch den MDK (Medizinischer Dienst der Krankenkassen) wird die Pflegebedürftigkeit festgestellt und in einen der fünf Pflegegrade eingeteilt. Vor 2017 galten drei verschiedene Pflegestufen. Sie errechneten dies anhand des pflegerischen Zeitaufwandes. Heute berechnen sich die Pflegegrade nach einer anderen Vorgabe: Je mehr Hilfebedarf für eine Person festgestellt wird, umso höher wird die Einstufung in einen Pflegegrad. Für die Einteilung spielen sowohl Mobilität, Umgang und Bewältigung mit den Belastungen durch die Krankheit, wie auch kommunikative Fähigkeiten und Versorgung eine Rolle.

Die Einstufung in einen der Pflegegrade erfolgt nach dem Stellen des Antrages auf einen Pflegegrad automatisch. Die Erteilung der einzelnen Grade erfolgt auf Grundlage eines Gutachtens.

Um Himmels Willen – der MDK (Medizinische Dienst der Krankenkassen) kommt...

Gutachter*innen müssen nicht unbedingt vom MDK kommen. Die Pflegekasse kann auch »beauftragte« Gutachter haben, weshalb nicht zwingend Ärzt*innen das Gutachten ausstellen müssen. Auch Pflegefachkräfte können begutachten. Es wird davon ausgegangen, dass Pflegekräfte oftmals tatsächlich mehr sehen und erkennen können, als es Ärzt*innen tun.

Antragsteller ist immer der Pflegebedürftige, nicht die Pflegeperson. Darauf gilt es zu achten, falls die Betroffenen diesen Antrag nicht mehr stellen können und eine Vollmacht ausgestellt werden muss. Leistungen werden nicht rückwirkend erbracht, sondern frühestens vom Monat der Antragstellung an. Es genügt die Antragstellung am Monatsende, um die gesamte Leistung für den Monat zu erhalten.

Die Begutachtung erfordert immer einen Hausbesuch in der Wohnung des Pflegebedürftigen. Der Hausbesuch wird angekündigt, der Termin kann aber auch abgesprochen werden. Es ist sehr wichtig, den Pflegebedürftigen bei der Begutachtung nicht allein zu lassen. Wichtig ist auch, dass diejenigen, die das Gutachten erstellen, einen Einblick in die Situation dahingehend bekommen, was die betreffende Person NICHT kann. Es ist dabei ebenso entscheidend, dass diejenigen, deren Situation begutachtet werden soll, vermittelt bekommen, weshalb ein Gutachten erstellt werden soll.

Das Protokoll – ein Pflegetagebuch

Ein solches Protokoll oder Tagebuch kann für die Beurteilung einer häuslichen Situation für die Gutachter*innen von großem Wert sein. Das Protokoll erleichtert es den Begutachtenden, einschätzen zu können, wie die Einteilung in den Pflegegrad vorzunehmen ist. In der kurzen Zeit, in der eine Begutachtung stattfindet, kann es sonst sein, dass wichtige Einschränkungen, die im Alltag bestehen, ganz einfach nicht erkannt werden. Ob es Streit unter den Miteinanderwohnenden gibt, ist dabei nicht von Belang. Auch ob die betreffende Person Süchte hat, zählt nicht bei einer Begutachtung. Entscheidend ist, wie viel Unterstützung der betreffende Mensch im Alltag benötigt, ob verschreibungspflichtige Medikamente eingenommen werden (selbständig oder nicht), ob Geräte bedient werden können usw. Also zählen alle alltäglichen Kleinigkeiten mit, die normalerweise ein Mensch ohne weitere Unterstützung von außen selbständig verrichten kann und bei denen plötzlich eine andere Person vor Ort sein muss um diese Dinge zu erledigen. Das kann leicht in einer Rundumpflege enden. Es ist auch wichtig, dass das Protokoll jeden Tag geführt wird, damit Veränderungen eingesehen werden können. Diese geschehen oftmals schleichend.

Steht die Entlassung aus dem Krankenhaus, der Rehabilitation, bevor und ist absehbar, dass danach ein Pflegebedarf besteht oder ein Heimaufenthalt notwendig ist, so muss die Begutachtung relativ schnell innerhalb einer Woche stattfinden. Oft entscheidet die Pflegekasse nach Aktenlage.

Der gute Ansatz und die begleitenden Probleme

»Wenn mein Mann zu Hause ist, muss ich alles nachwischen, wenn er auf die Toilette gegangen ist. Und er weigert sich vehement, wenn ich ihn waschen will. Allein kann er das nicht mehr und seine Demenz nimmt immer mehr zu. Und jetzt, wo er ein paar Tage im Krankenhaus ist, kann er plötzlich alles! Ich habe zu Hause weder einen Rollator, noch eine Bettpfanne und er bekommt jetzt keinen Pflegegrad. Was soll nur werden, wenn er entlassen wird? Ich bin jetzt 76 Jahre alt!«
R., betroffene Ehefrau

Es ist keineswegs eine Seltenheit, dass es bis zu einem halben Jahr dauert, bis ein MDK- Gutachten vor Ort erstellt werden kann. Die alltäglichen Sorgen für die Familienangehörigen sind dabei erheblich. Dazu kommt die Unsicherheit vor der Zukunft. Im Prinzip sind Krankenkassen dazu aufgerufen, innerhalb von sieben Tagen über die Pflegegrade zu entscheiden. Ist in diesem Zeitraum kein MDK-Gutachten erstellt, müsste nach Aktenlage entschieden werden. Doch hier besteht die Gefahr, dass letztlich nur das vorliegt, was auf Papier gesetzt wurde, nicht der tatsächlich vorliegend Pflegegrad. Und das kann auch bedeuten, dass sehr viel geringere Pflegegrade bewilligt werden, als notwendig wäre.

In diesen Fällen bleibt den Pflegenden nur die Möglichkeit – am besten täglich – bei den Krankenkassen zu intervenieren und darauf hinzuweisen, dass jeder stationäre Aufenthalt die Gemeinschaft erheblich teurer zu stehen kommen würde.

Prüfungsangst

Patient*innen haben großen Respekt vor den Menschen, die ein Gutachten erstellen. Es scheint oftmals so, als befänden sich die Betroffenen mitten in einer Abiturprüfung. Deshalb reißen sich diese vor den Prüfer*innen gehörig zusammen. Und ganz plötzlich können sie Dinge, die sie in ihrer häuslichen Umgebung mit ihren Angehörigen nicht mehr konnten, oder vielleicht sogar nicht mehr wollten. Das erschwert jede Einschätzung des tatsächlichen Zustandes der Patient*innen. Und damit sind allen, die bei den sozialen Diensten tätig sind, die Hände gebunden, um den betroffenen Familien eine Entlastung vermitteln zu können. In Fachkreisen heißt es, dass in Situationen, in denen ältere Männer von weiblichen Gutachterinnen besucht werden sollen, die Männer in einem hohen Maße alles selbst zu können scheinen.

Sollte eine Situation entstehen, dass alles danach aussieht, dass die Betreffenden keine Unterstützung bekommen, sollten sie auch bei den behandelnden Ärzt*innen intervenieren.

Schwerbehindertenausweis

Durch die Beantragung eines Schwerbehindertenausweises kann es zusätzlich zu Erleichterungen für die Betreffenden kommen. So sind etwa Eintrittspreise in Museen, Kinos, Theatern oder Schwimmbädern ermäßigt. Für Schwerbehinderte gelten darüber hinaus andere Urlaubsregelungen, sie sind von Rundfunk-Fernsehgebühren befreit und haben zusätzliche steuerliche Erleichterungen.

Wie wird ein Mensch Sozialberater˙in?

Zunächst wird ein Studium der sozialen Arbeit oder Sozialpädagogik absolviert, was auch als Fernstudium oder im Dualen System machbar ist. Sozialarbeiter*innen sind meist angestellt und werden somit von dem jeweiligen Träger bezahlt.

Optimismus
Mit Sicherheit ein gutes Gefühl
Sensibilisierungskampagne der Schweizerischen Post

Aus der Sicht einer Sterbeamme

Was ist vergesslicher als Dankbarkeit?
Friedrich von Schiller

Die Geschichte zeigt uns einen langen Weg, der letztlich dazu geführt hat, dass nahezu jeder Mensch in diesem Lande eine Absicherung bekommen kann, wenn Krisen eintreten und die Versorgung gefährdet ist.

Soziale Verantwortung für jeden Menschen hat zu der Solidargemeinschaft geführt, die wir derzeit haben. Dabei ist jede Klage über Verwaltungen und die sie begleitende Bürokratie vielleicht nur ein Zeichen dafür, dass unsere gemeinschaftlichen Bemühungen um einen achtungsvollen Umgang miteinander noch nicht am Ziel angekommen sind. Doch das, was wir jetzt bereits haben, ist die Arbeit und die Vision vieler, vieler Menschen gewesen, die vorbereitet haben, was wir als unseren Ist-Zustand bezeichnen können.

Dieser Luxus ist keineswegs in allen Ländern vorhanden oder üblich. Wir können dankbar sein darüber, was bereits geschafft und geschaffen wurde. Es ist nicht selbstverständlich.

Kapitel 6
Palliativ-Care

Wir wollen unser Mitgefühl für unsere Freunde zeigen
nicht durch Klage, sondern durch Fürsorge.
Epikur von Samos

Palliativmedizin versus Palliativ-Care?

Bereits im Mittelalter gab es Häuser, die Arme, Kranke und Sterbende aufgenommen haben. Diese Leidenden wurden von Menschen gepflegt, die eine tiefe Hingabe besaßen. Eines der berühmtesten Häuser war das »Hotel Dieu« in Beaune. Dieses wurde im Jahr 1443 gegründet und bis 1971 als Hospital genutzt.

1967 griff die Engländerin Cicely Saunders diese Tradition wieder auf und gründete das St. Christopher's Hospice in London. In der Schweiz begann die Krankenschwester Rosette Poletti 1970 an der Ecole du Bon Secours in Genf, ihre Umgebung auf die Anliegen der Palliative Care aufmerksam zu machen.

Du triffst Vorsorge für das Alter, damit dem Körper nichts fehle. Solltest du dir nicht Gedanken darüber machen, ob der Seele etwas fehlt?
Erasmus von Rotterdam

Neben der beschriebenen Palliativ-Medizin gibt es den interdisziplinären internationalen Bereich der Palliativ-Care-Bewegung.

Im deutschen Sprachraum bestehen Unklarheiten über die korrekte Übersetzung von »Palliative Care«, und es herrscht eine uneinheitliche Interpretation der Begriffe »Palliativ Care« und »Palliativmedizin". Im englischen Sprachraum gibt es hingegen deutliche Unterschiede. Palliativmedizin ist hier die fachärztliche medikamentöse Behandlung, Palliativ-Care hingegen meint eine viel umfassendere Versorgung der Betroffenen, die alle anderen Probleme im Abschied mit berücksichtigt.

Palliativmedizin ist nach vielfältiger Vorstellung demnach ein Teilbereich der Palliativ-Care-Versorgung.

Palliativ-Care wird verstanden als interdisziplinärer und interprofessioneller Überbegriff für alle in der Begleitung Sterbender Tätigen. Insofern gehören zu denjenigen, die in der Palliativ-Care-Versorgung arbeiten, auch die Sozialen Dienste, Spritual-Care-Teams. Psychoonkolog*innen, Onkolots*innen und Sterbeammen beziehungsweise Sterbegefährten.

In der englischen Sprache bedeutet »Care« sowohl Pflege, als auch Umsorgung (»I care for you« – Ich sorge für dich, »I care about you.« ich sorge mich um dich, ich kümmere mich um dich). Die Übersetzung in die deutsche Sprache hat sich als schwierig erwiesen.

Bei einer Begleitung durch Palliativ-Care-Dienste misst sich der Behandlungserfolg nicht an Heilung (wie bei sonstigen medizinischen, kurativen Behandlungen), sondern an Lebensqualität, Schmerzfreiheit und Menschenwürde. Die Anforderungen an diejenigen, die sich für diesen anspruchsvollen Arbeitsbereich entscheiden, gehen weit über rein fachliche medizinische oder pflegerische Qualifikationen hinaus. Um gute Erfolge aufzuweisen, braucht es – wie es in den entsprechenden Hinweisen auf Weiterbildung zu finden ist – zusätzlich zu jedem Fachwissen ebenso Empathie, Sensibilität und »therapeutisches Augenmaß«. Die Begleitenden sind als Fachkräfte gefordert und immer auch als Mensch.

»Seltsam, seltsam, ich habe angenommen, dass diejenigen, die überhaupt mit kranken Menschen arbeiten – ob Ärzte oder Pflegende, immer auch Empathie besitzen sollten?! Ob ich da etwas völlig Falsches vorausgesetzt habe? Bin ich doch »das Knie« von Zimmer 21?«
Eine Patientin

Palliativ-Care-Teams haben ihren Schwerpunkt der Begleitung dann, wenn eine Heilung bei einer Krankheit als nicht mehr gegeben angesehen wird (also als nicht mehr »kurativ«). Das Ziel der Palliative-Care-Teams ist es, den Betroffenen bis zu ihrem Lebensende eine möglichst optimale Lebensqualität zu ermöglichen. Dazu sollen auch die Zugehörigen versorgt werden. Auf die individuellen Bedürfnisse der Betroffenen wird eingegangen. Das bedeutet auch, dass ihnen ein Abschied möglichst in ihrer gewünschten Umgebung ermöglicht werden soll.

Vernetzte Versorgungsstrukturen ermöglichen dabei weitgehend unbehinderte Abläufe.

Die WHO definiert Palliative Care so: Palliative Care entspricht einer Haltung und Behandlung, welche die Lebensqualität von Patienten und ihren Angehörigen verbessern soll, wenn eine lebensbedrohliche Krankheit vorliegt. Sie erreicht dies, indem sie Schmerzen und andere physische, psychosoziale und spirituelle Probleme frühzeitig und aktiv sucht, immer wieder erfasst und angemessen behandelt.

Palliative Care sorgt dafür,

- dass Schmerzen und andere belastende Beschwerden gelindert werden,
- dass Patienten und ihre Zugehörigen darin unterstützt werden, so lange wie möglich aktiv zu bleiben,

- dass psychische und spirituelle Aspekte berücksichtigt werden,
- dass das Leben bejaht wird und das Sterben als normaler Prozess erachtet wird,
- dass der Tod weder beschleunigt noch verzögert wird,
- dass Zugehörige unterstützt werden, die Krankheit des Patienten und die eigene Trauer zu verarbeiten,
- dass man durch Teamarbeit den Bedürfnissen von Patienten und Angehörigen möglichst gut gerecht werden kann,
- dass auch frühzeitig in der Erkrankung mit der Begleitung gestartet werden kann. Dies soll in Kombination mit lebensverlängernden Maßnahmen, wie beispielsweise Chemo- und Radiotherapie stattfinden.

Palliativ-Care beinhaltet zudem die notwendige Forschung, um Beschwerden oder klinische Komplikationen besser verstehen und behandeln zu können.

Wie wird ein Mensch Palliativ-Care-Kraft?

Voraussetzung ist ein Alter von mindestens 23 Jahren, ein mittlerer Bildungsabschluss und der Abschluss eines entsprechenden Fernstudiums. Für das Studium gibt es verschiedene Angebote.

Palliativkurs der Deutschen Gesellschaft für Palliativmedizin:

- Teilnehmer*innen aus dem Pflegebereich mindestens dreijährige Berufserfahrung, mit abgeschlossenem Examen
- Teilnehmer*innen aus dem Bereich der Psychosozialen Berufsgruppen abgeschlossenes Studium der Sozialen Arbeit, Sozialpädagogik, Psychologie, Theologie o.a. aus dem psychosozialen Bereich (Einzelfallprüfung)

Bezahlung: Palliativ-Care-Mitarbeiter*innen sind meist angestellt und werden vom Träger, bzw. von den Krankenkassen bezahlt.

Spiritual Care

»Spiritual Care« ist ein Grenzbereich zwischen Palliativmedizin, Seelsorge und theologischem Ansatz. Diese Richtung hat sich entwickelt, da nach Cicely Saunders annahm, dass Schmerzen eben nicht nur rein körperliche Erklärungen finden können, sondern mit medizinisch-pflegerischen, sozialen, psychischen und spirituellen Faktoren verbunden sind. Auch Herkunft, Heimatgefühl, Lebensgeschichte, grundsätzliche Vorstellungen, Schicksal, Identität, sowie Selbstwertgefühl spielen bei der Entstehung von Schmerzen genauso eine Rolle wie Glaube, Religion und Konfession. Deshalb wird für diesen Teilaspekt in der Begleitung Sterbender die Seelsorge häufig hinzu gezogen. Zum Teil praktizieren Seelsorgerinnen und Seelsorger selbst Spiritual Care. Das kann zu Problemen führen, denn die Seelsorge unterliegt grundsätzlich der Verschwiegenheit, Spiritual Care ist aber nur durch den Austausch im Team möglich.

2010 wurde die erste Professur für Spiritual Care in München eingerichtet. Die auf fünf Jahre befristete Professur lief im Jahr 2015 ersatzlos aus. Spiritual Care bemüht sich darum, auch kirchenferne und nichtchristliche Menschen wahrzunehmen und zu erforschen. Das erste buddhistische Zentrum für Spiritual Care wurde 2016 in Bad Saarow eröffnet. International gibt es besonders im jüdischen Kontext Forschungen und Angebote zur Spiritual-Care.

Aus der Sicht einer Sterbeamme

Die inhaltliche Ausarbeitung einer Spiritual-Care-Begleitung ist dementsprechend noch auf einem eher beliebigen Level, ganz einfach deshalb, weil Spiritualität nicht einheitlich definiert ist und unterschiedlich gehandhabt bzw. angesehen wird.

> **Nur der Geist beschwört die Geister.**
> Ferdinand Freiligrath

Eine gelehrte Spiritualität muss überkonfessionell, frei und unabhängig von jeder Glaubensrichtung sein. Nur eine religiös-konfessionelle Toleranz reicht hier nicht aus.

Durch Begriffsunstimmigkeiten, was denn nun Spiritualität bedeuten oder heißen könnte, entstehen unterschiedliche Herangehensweisen und unterschiedliche Grundannahmen. Ist es nun eine ethisch vertretbare, humanistische Grundhaltung, die den modernen Grundgesetzen entspricht? Oder handelt es sich darum, dass es neben der Materie eine nicht-materielle geistige Dimension gibt?

Das macht es sowohl für die Palliativ-Care-Bewegung, als auch für diejenigen, die betreut werden, nicht ganz einfach. Es wäre ratsam, die Grundlagen und Überzeugungen der Mitarbeiter*innen zu überprüfen.

Große oder kleine Freiheit?

Letztendlich definiert jede Richtung ihren eigenen Begriff von Spiritualität. Diese Flexibilität in der Achtung anderer Sichtweisen ist bei allen vorauszusetzen, die mit Betroffenen arbeiten.

Kapitel 7
Die spezialisierte ambulante Palliativversorgung SAPV

Allgemeine ambulante Palliativversorgung – AAPV

Die AAPV dient dem Ziel, dass schwerkranke Palliativpatienten in ihrer Selbstbestimmung und ihrer Lebensqualität unterstützt werden und diese weitgehend erhalten bleiben kann. Den Betroffenen soll ermöglicht werden, dass sie in ihrer gewohnten Umgebung ein menschenwürdiges Leben bis zu ihrem Tod führen können. Das kann in ihrer häuslichen Umgebung sein oder in einer stationären Pflegeeinrichtung (Alten-Pflegeheime, Hospize).

Die AAPV wird in erster Linie durch niedergelassene Hausärzt*innen und ambulante Pflegedienste geleistet. Diese verfügen in der Regel über eine palliativmedizinische Basisqualifikation. Auf diese Weise können die meisten der Palliativpatient*innen ausreichend versorgt werden. Nach Bedarf werden ehrenamtliche Hospizmitarbeiter*innen mit eingebunden.

Stationäre Versorgung durch AAPV

Meist ziehen Menschen in ihrer letzten Lebensphase in stationäre Einrichtungen ein. Diese betroffenen Menschen sind meist in einem hohen Alter, sie tragen vielfältige Mehrfachkrankheiten mit sich und/oder sind dementiell erkrankt. Diese Menschen benötigen meist über einen langen Zeitraum eine besondere, ihrer Situation angepasste Versorgung. Diese Notwendigkeit entsteht meist mit ihrem Einzug in die Einrichtung. Stationäre Pflegeeinrichtungen benötigen noch Weiterentwicklungen im hospizlich-palliativen Sinn. Deshalb sind Kooperationen mit anderen Diensten sinnvoll und von großer Wichtigkeit.

Das Konzept baut auf die vertrauensvolle Beziehung zwischen Hausärzt*innen und Patient*innen auf. Der Patient*innenwille steht dabei im Vordergrund.

Wenn diese Leistungen nicht mehr ausreichen, also eine besonders aufwändige und spezialisierte Begleitung gefragt ist, kommen spezialisierte Teams hinzu. Dieser Fall kann dann eintreten, wenn zum Beispiel die bestehenden Leiden nicht gelindert werden können oder die Symptomkontrolle nicht ausreichend erscheint. Dann sind die SAPV-Dienste (spezialisierte ambulante Palliativversorgung) gefragt.

Die spezialisierte ambulante Palliativversorgung/ SAPV

Diese Organisationen richten sich an Menschen, die eine spezialisierte, über die allgemeine palliative Versorgung hinausgehende Versorgung benötigen, sowie an deren soziales Umfeld. In diesem Bereich arbeiten Ärzt*innen und Pflegedienste gemeinsam mit Palliativ-Care-Teams (PCT), um die größtmögliche Unterstützung leisten zu können. Diese Leistungen müssen durch Krankenhausärzt*innen oder Vertragsmediziner*innen verordnet werden.

Im Jahre 2007 wurde der Dienst der SAPVs ins Sozialgesetzbuch mit aufgenommen. Seitdem hat jeder Deutsche das Recht auf diese Form der speziellen Versorgung. Dadurch sollen auch diejenigen in ihrem häuslichen Rahmen versorgt werden, die eine sehr aufwändige und spezialisierte Betreuung benötigen. Zum häuslichen Rahmen gehören dabei etwa auch Altenheime, Pflegestationen, oder Hospiz-Einrichtungen. Durch die Aufnahme ins Sozialgesetzbuch wurde die ambulante Versorgung verbessert.

Damit allen, denen eine Betreuung durch SAPV-Teams zusteht, auch versorgt werden können, gelten verschiedenen Indikatoren:

- Die regionale Siedlungsstruktur
- Die Altersstruktur
- Epidemiologisch relevante Erkrankungen
- Die demografische Entwicklung

Deshalb kann der Bedarf auch in Regionen mit weniger Bevölkerungsdichte geringer sein.

In den meisten Bundesländern gibt es entsprechende Vernetzung und Aufbaustrukturen. Flächendeckend allerdings sind SAPV-Dienste noch nicht vertreten. Oftmals versorgen die Teams relativ große Gebietskreise. Gleichzeitig sollen Wege, die sich mehr als 30 Kilometer im Radius befinden, eher Ausnahmen sein.

Die Leistungen, die durch diese spezialisierten Teams angeboten werden, reichen von umfassender ärztlicher Betreuung über pflegerische Leistungen bis hin zu Symptomenkontrolle und spezieller Schmerzbehandlung. Dies alles geschieht in vertrauter und familiärer Umgebung.

Es gibt stationäre Hospize, die ausschließlich von Teams des SAPV versorgt und betreut werden. Teams, die diese speziellen Dienste anbieten und leisten, bestehen aus einer multiprofessionellen Gruppe, die spezielle Weiterbildungen im Bereich der Palliativmedizin haben. Diese arbeiten auch eng mit verschiedenen Kooperationspartnern zusammen, wie Apotheken, Sanitätshäusern, Psycholog*innen, Hausärzt*innen oder Hospizdiensten.

Ist durch ein Weiterschreiten der Krankheit ein Aufenthalt zu Hause nicht mehr möglich, ist ein Umzug in ein stationäres Hospiz beziehungsweise eine Palliativstation notwendig. Auch dies findet in Absprache mit den SAPV-Teams statt.

SAPV-Teams bejahen das Leben und sehen den Tod als einen natürlichen Vorgang an. Sie lehnen aktive Sterbehilfe ab.

Das Leben ward uns gegeben mit der Bedingung des Sterbens, es ist ein Gang zum Tode. Den Tod zu fürchten ist falsch, denn man fürchtet ja nur Ungewisses.
Lucius Annaeus Seneca

Leistungen der SAPV-Dienste:

- Palliativmedizinische und -pflegerische Beratung
- Koordination der Versorgung
- Unterstützende Teilversorgung
- Vollständige Versorgung
- Eine Versorgung findet rund um die Uhr statt

Wie wird ein Mensch Mitarbeiter*in eines SAPV- Teams?
Meist wird eine Qualifizierung orientiert an einer Palliative-Care-Fortbildung entsprechend vorausgesetzt. Die Bezahlung erfolgt über die Krankenkassen.

Palliativstationen

> Die erste Palliativstation entstand 1983 in Köln. 1994 fand die Gründung der deutschen Gesellschaft für Palliativmedizin (DGP) statt. 2004 macht eine zunehmende Zahl medizinischer Fakultäten in Deutschland Palliativmedizin zum verpflichtenden Lehr- und Prüfungsfach, insgesamt gibt es bereits drei Lehrstühle für Palliativmedizin, weitere werden folgen.

Palliativstationen sind besondere Stationen in Krankenhäusern, in denen Patient*innen stationär aufgenommen werden, die unheilbar erkrankt sind und bei denen eine Versorgung durch ambulante Dienste (AAPV und SAPV) nicht ausreichend ist. Deshalb ist eine stationäre Aufnahme erforderlich, wenn im häuslichen Rahmen die Versorgung und Betreuung nicht mehr möglich sind. Das kann geschehen, wenn die Pflege nicht mehr ausreichend gewährleistet werden kann oder das Krankheitsgeschehen sich dahingehend verschlechtert, dass eine Rundumbetreuung notwendig wird.

Das Ziel der Aufnahme in eine Palliativstation ist es, die Betreffenden medikamentös so einzustellen, dass sie wieder in ihre gewohnte Umgebung zurückkehren können. Unter gewohnter Umgebung wird hier entweder das eigene Zuhause, ein Hospiz oder eine Pflegestation beziehungsweise ein Altenheim verstanden. Durch den Aufenthalt auf einer Palliativstation wird erhofft, dass eine Verbesserung und Stabilisierung des Zustandes der Paitient*innen möglich ist. Dennoch versterben oftmals Menschen während ihres Aufenthaltes auf einer Palliativstation, was an der besonderen Schwere ihrer Krankheit liegt.

Wie wird ein Mensch Mitarbeiter*in auf einer Palliativstation?

Meist wird eine Qualifizierung orientiert an einer Palliativ-Care-Fortbildung vorausgesetzt.

Aus der Sicht einer Sterbeamme

Ambulante Dienste

Neben der Entstehung der Palliativmedizin und der Palliativ-Care-Bewegung und ihren stationären Abteilungen, sind es die ambulanten Dienste, die vielen Menschen noch weitgehend unbekannt sind. Das mag auch an der Verwirrung durch die Vielzahl der verwendeten Kürzel liegen.

Gleichzeitig ist den meisten Menschen bislang nicht klar, dass auch diese Dienste nur dann in Erscheinung treten, wenn die klinische Medizin mit ihrer Weisheit um das Heilen einer Krankheit am Ende angelangt ist.

Deshalb könnten viele Menschen, die an Krankheiten leiden, für die es kaum eine Heilungschance gibt, durch die Dienste eine große Erleichterung in ihrem Leben finden.

Diese ambulanten Dienste haben den großen Vorteil, dass die Betroffenen und ihre Angehörigen weitgehend in ihrer gewohnten, häuslichen Umgebung bleiben können. Allein diese Tatsache vermittelt Geborgenheit und Sicherheit in einer Zeit, die unsicherer kaum sein kann.

Stationäre Dienste

In Palliativstationen findet – wie auch in Hospizen – Sterben häufig statt. Und die Palliativstationen sind durch ihr medizinisches Knowhow bestens in der Lage, Betroffene optimal zu versorgen. Insofern unterscheiden sich stationäre Hospize und Palliativstationen oftmals nur wenig voneinander.

Auch hier haben wir es mit Orten zu tun, in denen die Würde der Menschen geachtet wird und auch die Zugehörigen ihren Platz finden können.

Leider wird in den oftmals jahrelangen Behandlungen und ihren Ansätzen, die ein Mensch durchleben muss, bevor er auf einer Palliativstation landet, der Abschied erst dann thematisiert, wenn er ganz konkret im Raum steht.

Da scheint es oftmals fast zu spät, erst dann die Ängste zu versorgen, an die sich die Betreffenden schon sehr lange gewöhnt haben und für die es in den monate- oder jahrelangen Erkrankungen selten Raum gegeben hat.

Kapitel 8
Palliative Pädiatrie und Geriatrie

Kinderpalliativmedizin

> Gebranntes Kind scheut das Feuer.
> Deutsches Sprichwort

> Pädiatrie (Kinderheilkunde)
> In pädiatrischen Fachgebieten werden die Besonderheiten von Kindern und Jugendlichen medizinisch berücksichtigt. Kinder und Jugendliche haben oftmals andere, ihrem Alter entsprechende Krankheiten. Der Stoffwechsel von Kindern und Jugendlichen und auch ihr Wachstum sind schneller als bei älteren Menschen. Je jünger ein Mensch ist, desto mehr und ununterbrochen Neues stürmt auf ihn ein. Und ebenso, wie mit unserer gewohnten Alltäglichkeit, müssen die Organismen von Kindern und Jugendlichen lernen, mit Erregern umzugehen. Das ist harte Arbeit für sie.
> Kinder neigen dazu, eher akute und schnelle Krankheiten und ebensolche Verläufe zu entwickeln. Dies muss in der Behandlung berücksichtigt werden.

Eine besondere Herausforderung für alle stellt die pädiatrische palliative Behandlung von Kindern dar. Kinder, die krank sind, sind eine gesamtgesellschaftliche Irritation. Es scheint uns normal, wenn ein Mensch »der sein Leben gelebt hat«, also ein – in unseren Augen – »anständiges« Alter erreicht hat, sich seinem Ende nähert.

Dennoch sterben überall Kinder. Viele Tode davon sind menschengemacht und erschüttern Gesellschaften, denen es wirtschaftlich gut geht, tief. Doch auch viele andere Kinder und Jugendliche erkranken lebensbedrohlich und ohne Aussicht auf Heilung und benötigen eine palliative Versorgung. Eine solche Behandlung muss den Besonderheiten, die ein junges Leben und ein junger Organismus mit sich bringen, Rechnung tragen.

> Erst im ausgehenden 18. Jahrhundert wurde gesehen, dass Kinder nicht einfach kleine Erwachsene sind und ihre eigenen Krankheiten haben beziehungsweise auf Krankheiten anders reagieren als Erwachsene. Noch im 17. und 18. Jahrhundert lag die Kindersterblichkeit bei etwa 40 Prozent.
> Ab diesem Zeitpunkt wurden Stationen speziell für Kinder eingerichtet. Aus der inneren Medizin heraus entwickelte sich – zunächst unter starken Widerständen von Seiten der etablierten Medizin – die Pädiatrie als eigenes Fach. 1850 wurde in Würzburg die erste Universitäts-Kinderklinik eröffnet.

Die Pädiatrie hat in den letzten Jahrzehnten große Fortschritte gemacht.

In der pädiatrischen palliativen Behandlung befinden sich alle Kinder und Jugendlichen, die entweder eine lebensbedrohliche oder eine lebensverkürzende (lebenslimitierende) Diagnose haben. Jedes Jahr sterben etwa 3500 Kinder und Jugendliche an den Folgen schwerer Erkrankungen. Die Meisten davon erkranken früh, etwa 60 Prozent leiden an angeborenen schweren und auch seltenen Krankheiten. Oftmals kann sich die Krankheit bis zum Tod der Kinder und Jugendlichen über viele Jahre hinziehen.

In den Familien besteht eine große Belastung durch die Pflege und die Sorge um das Kind. Viele Eltern haben gelernt, Sonden zu legen, Beatmungsgeräte zu bedienen oder auch Schleim abzusaugen. Der Alltag ist dennoch geprägt von Erschöpfung und vielfach jahrelange chronische Überlastung und die begleitenden Ängste.

Nach WHO-Definition versteht man unter Palliativversorgung von Kindern »die aktive und umfassende Versorgung, die Körper, Seele und Geist des Kindes gleichermaßen berücksichtigt und die Unterstützung der betroffenen Familie gewährleistet. Sie beginnt von der Diagnosestellung an und ist unabhängig davon, ob das Kind eine Therapie mit kurativer Zielsetzung erhält«.

Es ist die Aufgabe der Begleitenden, jedes Ausmaß der physischen, psychischen und sozialen Belastungen nicht nur einzuschätzen, sondern auch zu verringern. Und erst durch die Versorgung der spezialisierten SAPV-Dienste unter Berücksichtigung der pädiatrischen Besonderheiten (hier: SAPPV) ist eine Versorgungsstruktur gegeben, die das ganze, schwer belastete Familiensystem maßgeblich unterstützen kann. Dadurch ist es möglich, dass ein schwerkrankes Kind oftmals auch in Krisen zu Hause bleiben und dort versorgt werden kann.

Together for short lives – Zusammen für kurze Leben

Die Dachorganisation »Together for short lives« in England hat vier verschiedene Kategorien bei Krankheiten aufgestellt. Hierbei handelt es sich um Orientierungshilfen, die gleichzeitig zeigen, wie breit das Spektrum der Versorgung angelegt ist.

1. **Heilbar (kurativ)**
   Krankheiten, die lebensbedrohlich sind. Die Versorgung und Behandlung der Betroffenen mit dem Ziel einer Heilung. Diese jedoch kann versagen, zum Beispiel bei erworbenen oder angeborenen Herzkrankheiten und bei Krebserkrankungen.

2. **Eingeschränkte Lebenserwartung**
   Es handelt sich um Krankheiten, bei denen die Lebenserwartung eingeschränkt erwartet wird. Durch heute zur Verfügung stehende medizinische Behand-

lungen kann ein normales Leben über lange Zeit möglich sein. Bespiele wären HIV-Infektionen, nur teilweise oder gar nicht korrigierbare Herzfehler oder Mukoviszidose.

3. Fortschreitend und ohne zu erwartende realistische Heilung
Krankheiten, die nach heutigen Maßständen nicht heilbar sind und gleichzeitig mit schwerer Behinderung und fortschreitendem Verlauf einhergehen. Eine palliative Begleitung und Versorgung kann sich über Jahre ausdehnen. Das ist zum Beispiel der Fall bei Neuromuskulären Erkrankungen und Stoffwechselerkrankungen.

4. Irreversibel, d.h. nicht umkehrbar und dennoch nicht fortschreitend verlaufend
Beispiele hierfür sind: Duchenne (Muskeldystrophie), Sanfilippo-Syndrom (Stoffwechselkrankheit, gehört zu den Mucopolysaccharidosen)
Bei den irreversiblen Geschehen handelt es sich um Krankheiten, die nach heutigen Maßständen nicht heilbar sind. Auch Gehirnverletzungen mit schwerer Behinderung, die über Jahre einen stabilen Krankheitsverlauf haben, gehören hierzu. In diesen Fällen führen eher zusätzlich auftretende Krankheiten, wie z.B. Lungenentzündungen, die die Lebenserwartung verkürzen zum Tode. In diesen Bereich gehören z.B. Schädigung des Gehirns durch Unfall, Infektionen oder Gefäßverschlüsse, spastische Zerebralparese nach Frühgeburtlichkeit, sowie Fast-Ertrinken.

Palliative-Care bei Kindern heißt also nicht, dass die Betroffenen in absehbarer Zeit sterben werden.

Die Betreuung kann ebenso im häuslichen Rahmen, in Krankenhäusern, auf Intensivstationen, in Pflegestationen, wie auch in Kinderhospizen gegeben werden. Angestrebt ist der Ort, an dem sich die Kinder und Jugendlichen am wohlsten fühlen.

SAPPV- Teams

Im Jahr 2009 wurden die ersten pädiatrischen, medizinischen palliativen Dienste eingerichtet.

Erste Untersuchungen im Jahr 2012 haben ergeben, dass bei den befragten Eltern die Lebensqualität signifikant gestiegen ist. Besonders die Erreichbarkeit im 24-Stunden-Takt bedeutete den Betroffenen große Entastung. Die Vielfalt der pädiatrischen Erkrankungen setzt das versorgende Palliativteam vor große Probleme. Es sind eben nicht nur die onkologischen Krebserkrankungen, deren Versorgung schon genügend Schwierigkeiten in der Komplexität mit sich bringen.

Die Vorstellung, dass schwerstkranke Kinder von Erwachsenen-Palliativteams versorgt werden, greift angesichts der Komplexität der zu versorgenden Erkrankungen zu kurz. Hier liegen völlig unterschiedliche Krankheitsspektren mit einem hohen Anteil an Säuglingen und Kleinkindern vor. Der gesetzlich verankerte Anspruch für eine ambulante Palliativversorgung von Kindern und Jugendlichen kann nur dann erfüllt werden, wenn eine flächendeckende SAPPV – Versorgung gewährleistet ist. Große Probleme bereiten auch die teilweise recht großen Radien der Einzugsbiete, in denen die Versorgung momentan stattfindet: Umkreise von 150 km und mehr sind dabei noch oft die Regel.

Wie wird ein Mensch Mitarbeiter*in eines SAPPV-Teams (Kinderpalliativteams)?

Mitarbeiter*innen müssen sowohl pädiatrisch, als auch palliativmedizinisch hervorragend ausgebildet sein. Dazu gehört der besondere Mut, Krankheiten und das Sterben von Kindern aushalten zu können.

Palliative Geriatrie (Altersheilkunde)

> Ich bin der Alte, sogar im Alter.
> Jean Paul

In Deutschland steckt die Geriatrie noch in den Anfängen. Bislang haben nur drei Bundesländer sie als Schwerpunkt in der Inneren Medizin anerkannt, namentlich Berlin, Brandenburg und Sachsen-Anhalt.

> Erst im 20. Jahrhundert begann man sich mit der genauen Erforschung zu beschäftigen. Im Jahre 1938 gründete der Internist Max Bürger in Leipzig die »Deutsche Gesellschaft für Alternsforschung« (Gerontolgie) . Durch die spätere Teilung Deutschlands entwickelten sich auch zwei verschiedene Stränge, die sich mit der Gerontologie (Altersforschung) und Geriatrie (Altersheilkunde) beschäftigten.

Altern ist nichts für Feiglinge ...

Es gibt immer mehr ältere Menschen. Das bedeutet, dass unsere Lebenserwartung steigt und es ist anzunehmen, dass sie auch weiter steigen wird. Das Fachgebiet, das sich mit diesem Umstand beschäftigt, ist die »Demografie« oder »Bevölkerungswissenschaft«. Anhand von Statistiken werden Faktoren wie Geburtenverhalten, Migration und Sterbefälle dargestellt. Der »demografische Wandel« ist in vielen Ländern ein verbreitetes Stichwort geworden. Dieser Wandel führt in Deutschland zu großen Veränderungen in der Bevölkerungsstruktur. Eine zunehmende Langlebigkeit und Alterung sind wichtige Faktoren für diesen Wandel, der sich abzeichnet. Heute kommen in Deutschland weniger Kinder zur Welt als früher – bei steigender Lebenserwartung. Dadurch erhöht sich selbstverständlich auch das Durchschnittsalter der Bevölkerung.

Während die Lebenserwartung eines Menschen noch 1950 bei 68,5 Jahren für Frauen und 64,6 Jahren für Männer lag, werden im Jahr 2020 bereits 84,1 Jahre für Frauen respektive 79,1 Jahre für Männer erwartet. Es gibt eine enorme Zunahme der Menschen, die weit älter als 70 oder 80 oder 90 Jahre alt werden, auch über 100-jährige Menschen gibt es weit mehr, als jemals zuvor.

Heute ist bekannt, dass Muskeln sich ab dem 45. Lebensjahr schneller ab- als aufbauen. Es ist auch klar, dass Menschen, die älter werden, nicht etwa mehr Gehirnzellen haben, als junge Menschen. Nur: die vorhandenen Zellen haben sich weit mehr vernetzt und verzweigt.

Unsere Vorstellungen über das Älterwerden unterliegen verschiedenen Stereotypen. Die eine Gruppe der Älteren reist durch die Welt und legt ihr Geld in Fonds an, die andere Gruppe kümmert sich aufopfernd um ihre Enkel und die nächste Gruppe leidet an Demenz. Das ist vielfach vorurteilsgeprägt und entbehrt der Realität. Viele 90-jährige leben allein und sind – von ein paar gesundheitlichen Problemen abgesehen – durchaus in der Lage, ihren Alltag gut zu meistern.

Besonderheiten bei älteren Menschen

Bei Menschen, die älter werden, verändern sich auch deren Krankheiten und deren Krankheitsverläufe. Bei älteren Menschen können sich Krankheiten in einem veränderten Bild zeigen, was eine Diagnosestellung erschwert. Gleichzeitig zeigen sich mögliche Behandlungserfolge oftmals auch verzögert und/oder verändert. War bei Kindern der Krankheitsverlauf eher akut, ist dieser bei älteren Menschen eher langsamer und chronischer. Gleichzeitig sind die Betroffenen oft von Mehrfacherkrankungen betroffen, was eine Behandlung erschwert und komplexer werden lässt.

Geriatrie – Altersheilkunde

Bei der Geriatrie handelt es sich um den Teilbereich der Medizin, der sich mit den Besonderheiten von Krankheiten und Körperabläufen bei alten Menschen beschäftigt, weshalb auch die Begriffe Gerontologie und Geriatrie meist zusammen genutzt werden. Hier werden ebenso soziale, wie funktionale, körperliche und geistige Aspekte berücksichtigt. Das Ziel der Geriatrie ist es, die Lebensqualität Betroffener durch Förderungen ihrer Ressourcen zu stärken. Rehabilitation, Prävention, Förderung und Aktivierung stehen hier also im Vordergrund.

Behandelte Patient*innen gelten ab dem Alter von 65 Jahren als geriatrisch. Die Mehrzahl der Behandelten ist dabei älter als 80 Jahre.

Während die Palliative Versorgung also eher schützen und lindern will, setzt die Geriatrie auf Stärkung der Alltagstauglichkeit. Beide Fachgebiete haben gemeinsam, dass es bei der Versorgung um Betroffene geht, bei denen ein nicht-kurativer Bedarf besteht, die Betroffenen also Schritt für Schritt ihrem Abschied entgegengehen.

> »Es kann sein, dass wir ganz einfach deshalb die alten Menschen nicht um uns sehen wollen, da sie uns täglich vor Augen halten, dass wir alle austherapiert sind. Und folgerichtig werden auch wir alle nur palliativmedizinisch behandelt.«
> Eine Frau von 65 Jahren

Eine palliativ-geriatrische Versorgung setzt dann ein, wenn die Betroffenen eine eingeschränkte Lebensprognose tragen und unter schwerwiegenden Symptomen leiden – auch wenn diese nicht durch bösartige Tumorerkrankungen bedingt sind.

Hier ist sowohl der Ansatz der palliativen als auch der geriatrischen Begleitung abzuwägen und zu berücksichtigen. Insbesondere dann, wenn es sich bei den Betroffenen um Menschen mit Demenz handelt, ist ein hohes Maß an Know-How in der Begleitung notwendig.

Wie wird ein Mensch Mitglied in einem palliativ-geriatrischen Team?

Der Weg in ein palliativ-geriatrisches Team führt entweder über eine Weiterbildung zum/r Fachärzt*in für Geriatrie (nur in Berlin, Brandenburg und Sachsen- Anhalt) oder über eine Zusatzweiterbildung Geriatrie (in allen anderen Bundesländern)

Aus der Sicht einer Sterbeamme

Das ist nicht richtig ...

Kaum etwas erscheint uns so widersinnig und falsch, als wenn Kinder sich vor ihren Eltern und Großeltern auf den Weg in eine andere Welt machen. Dann wird ein Nachfahre auf einmal zu einem Vorfahren. Und das ist für alle Menschen eine sehr irritierende, aufwühlende und verunsichernde Erfahrung. Hier wird eine natürliche Ordnung zerstört und lässt uns vor den Scherben unserer eigenen Zukunft stehen.

Wenn ältere Menschen sterben, wird oftmals beruhigend gesagt, diese hätten »ihr Leben gelebt«. Sterben junge Menschen oder sogar Kinder, dann ist es bitter, denn diese haben »ihr Leben ja noch nicht gelebt«.

Das Maß der Dinge

Ob ein gelebtes Leben von der Dauer abhängig sein kann? Vielleicht hat ein Kind sein Lebensziel ebenso erreicht und erfüllt, wie es einem anderen Menschen in vielen Jahrzehnten gelingt. Es gibt keinen objektiven Maßstab für ein »gelebtes« Leben. Es ist gut möglich, dass ein Mensch in wenigen Monaten oder Jahren seines Lebens feststellt, dass es reicht und ein anderer Mensch kostet unendlich viel mehr aus und bleibt lange Zeit hier.

> Let the soul be your pilot
> Let your soul guide you
> He'll guide you well
>
> Nimm die Seele als Lotsen
> vertrau dich ihr an
> sie wird dich gut führen
> Sting

Es kann sein, dass wir mit unserem Sterben etwas zu tun haben und es kann sein, dass Sterben auch eine Seelenentscheidung ist. Dann darf ein Mensch satt und müde vom Leben sein – unabhängig von der Dauer des Lebens. Das einzuteilen und nur an der Dauer des gelebten Lebens Maß zu nehmen, ist eine Anmaßung.

Das Seelenschiff

Unter dem Begriff »Seelenschiff« kann sich vieles verbergen. Es kann sich um ein Computerspiel handeln. Es kann auch ein Album der Gruppe »Karat« sein, der Begriff wird in der Kunst verwendet, wie auch in dem Teil einer spirituellen Weltsicht, die heute allgemein als »Schamanismus« bezeichnet wird. In der letzteren Sicht werden Krankheiten ebenso wie unsere Erfahrungen an unsere Nachkommen weitergegeben und werden sich auch in unseren Genen abzeichnen und dort sichtbar werden.

Ein Sarg war das Schiff, das unsere Verstorbenen in eine andere Welt brachte. Die Verwendung von Schiffen als Träger der Toten war bei den alten Ägyptern, den Griechen (Charon, Fährmann), den Germanen und in Märchen bekannt.

Bereits im Alten Testament der Bibel wird auf die Zusammenhänge und die Verbindungen von sieben Generationen hingewiesen. Traditionelle Gesellschaften und Gemeinschaften haben schon seit jeher auf diese Zugehörigkeiten hingewiesen und sie in ihrer Weltsicht berücksichtigt. Gleichzeitig wurde hier auch die Zukunft mit der Verbindung zu den nächsten Generationen einbezogen.

Ähnliche Ergebnisse, wie sie in früheren Sichtweisen bestanden, zeigt die Forschung in der heutigen Wissenschaft der Epigenetik, die besagt, dass wir erworbene Erfahrungen über Ei und Samenzelle weitergeben, so wie sie früher von unseren Vorfahren an uns weitergegeben wurden.

Stirbt ein Nachfahre und wird zum Vorfahren, entsteht ein Durcheinander, das für jede Gemeinschaft verstörend wirken muss.

... aus dem Weg, Alzi ...

»Gruftis« sind Menschen schon ab etwa dreißig Jahren. Ältere Menschen werden heute leicht als »Alzis« bezeichnet. Die Diskriminierung einer Bevölkerung, die ein höheres

Alter erreicht, ist eklatant. Es werden Witze über Rollatoren und Gebisse gemacht, Sprüche über Demenz, Alzheimer oder Menschen, die am Stock gehen, sind fast alltäglich. Diese Hilfsmittel jedoch ermöglichen es Menschen, am ganz normalen gesellschaftlichen Leben teilzunehmen. Als »Senilität« wird Greisenhaftigkeit bezeichnet. Auch dies meist in abwertender Absicht.

Und wenn sich ein alter Mensch in einen anderen alten Menschen verliebt, wird das als »niedlich« bezeichnet. Daran jedoch ist nichts Niedliches, es ist lebensbejahend.

> »One day« oder »day one« – You decide!
> (Eines Tages oder der erste Tag – du entscheidest)

Älter werdende Menschen werden scheinbar kaum noch gebraucht und es entsteht der Verdacht, dass sie tatsächlich stören. Alte Menschen sind nahezu eine Last. Und jüngere Menschen wissen oft überhaupt nicht, weshalb eine Begegnung mit älteren Menschen sinnvoll sein könnte.

Eine Gesellschaft, die auf Fitness, Funktionieren, Schnelligkeit und Erfolg setzt, wird von Menschen erheblich gestört, die dieses Bild weder erfüllen, noch das Spiel mitspielen – aus welchen Gründen auch immer. Dies zeigen die Abwertungen, es zeigt sich auch darin, dass Alteneinrichtungen sehr oft am Rande der Stadt gelegen sind, es zeigt sich darin, dass Roboter statt Menschen zur Pflege eingesetzt werden sollen und es zeigt sich an der schlechten Bezahlung von Altenpfleger*innen. Das hat durchaus mit Hybris zu tun, denn alle Menschen werden älter. Die Zeit ist nicht aufzuhalten. Und auch die alten Menschen gehören zum oben erwähnten Seelenschiff. Der Umgang und die Achtung im Umgang mit älter werdenden Menschen sind in anderen Kulturen grundverschieden zu unserer europäischen Haltung.

Kapitel 9
Die Herberge – Hospize

Der Name »Hospiz« stammt aus dem Lateinischen und geht auf die Bezeichnung »hospicium« zurück, was »Gastfreundschaft« oder »Gast« bedeutet. In einem Hospiz werden die Bewohner*innen beziehungsweise die Gäste mit einer palliativen, ummantelnden Versorgung beschenkt. Die Gäste bekommen sozusagen einen Mantel umgelegt, wenn sie das Haus betreten.

> **Das Diesseits ist eine Herberge für einen kurzen Aufenthalt.**
> Talmud

Sterben oder Krepieren?

Die moderne Krankenhausmedizin ist auf High-Tech ausgelegt und darauf, Diagnosen zu finden, zu heilen und Leben zu erhalten. Und auch in Pflegestationen ist es das Bestreben, Leben zu verlängern – im Sinne der Geriatrie – zu fördern und die Patient*innen dort zu aktivieren und zu mobilisieren.

Todesfälle sind dennoch unumgänglich, so ungern wir das auch wahrhaben wollen. In Pflegestationen muss sogar – sollte nicht explizit eine Patientenverfügung vorliegen – im Falle einer Verschlimmerung ein/e Notärzt*in angefordert werden. Das folgende Procedere ist klar: die Betroffenen werden in Krankenhäuser gebracht, deren Aufgabe es ist, Leben zu erhalten. Diese Haltung hat bei vielen Menschen zu großer Angst vor der Gerätemedizin geführt und dies schon vor Jahrzehnten.

Mehrfachzimmer (bis in die 1990er Jahre auch 6-Bettzimmer) waren in Krankenhäusern und Altenheimen noch normal. Und um Sterbende »unsichtbar« zu machen und den Tagesablauf möglichst nicht zu stören, wurden »Sterbezimmer« eingerichtet. Mitpatient*innen sollten – wie das Personal – vor dem Anblick und Miterleben des Sterbens Mitpatient*innen geschont werden. Doch meistens gab es keine speziell dafür vorgesehenen Sterbezimmer. Oft waren es die Abstellkammer oder das Badezimmer, in die Sterbende hineingebracht wurden, um so allein Abschied von ihrem Leben zu nehmen. In den Institutionen gab es noch vor wenigen Jahrzehnten Besuchszeiten, die auf Mittwochnachmittag und Sonntag zwischen 15.00 Uhr und 17.00 Uhr beschränkt waren (heute meist täglich bis 20.00 Uhr im Krankenhaus).

In den 1970er Jahren wurde Kritik am Krankenhausalltag, der Hochtechnisierung und der Spezialisierung geübt. Diese Kritik richtete sich gegen die Apparatemedizin, die das Sterben und den Kontakt mit den Zugehörigen nur wenig zulässt. In der Folge wurde die Frage nach dem Recht auf Selbstbestimmung beziehungsweise Selbsttötung lauter. Diese laute Kritik war auch ein wichtiger Motor für die Entstehung der Hospiz- und Palliativbewegung.

Über 50 Prozent der Ärzte und Pfleger halten noch bis in die Gegenwart (2014) ein würdevolles Sterben in deutschen Krankenhäusern nicht für möglich.

Das Sterben und seine Begleitung haben sich in der Bedeutung und Aufmerksamkeit verschoben: die Palliativmedizin ist bekannter geworden, sie steht »jedem« Menschen zu (wenn eine flächendeckende Gewährleistung vorhanden wäre) und die Hospizbewegung hat einen sagenhaften Erfolg für einen Abschied in Würde erreicht. Hospize und Palliativstationen sind eine echte und handfeste Antwort auf die Frage nach einem guten, einem würdevollen Abschied vom Leben.

Der Tod im Krankenhaus ist dabei immer noch die Norm. 220 stationäre Erwachsenen-Hospize (Stand 2018) haben im Durchschnitt je circa Zehn Betten, das heißt es gibt etwa 2200 Hospizbetten, in denen pro Jahr rund 30.000 Menschen (bei etwa 230.000 jährlichen Toten durch Krebserkrankungen pro Jahr) versorgt werden. In mehr als 90 Prozent der Fälle werden Menschen, die an einer Krebserkrankung leiden, in stationären Hospizen aufgenommen.

Aktuell gibt es etwa 1500 ambulante Hospizdienste. Die Zahl hat sich seit 1996 mehr als verdreifacht.

Der Deutsche Hospiz- und Palliativverband e.V. (DHPV) wurde 1992 als BAG Hospiz von 16 Einzelpersonen und 15 Einrichtungen ins Leben gerufen. In diesen wenigen Jahren seit 1992 ist die Hospizbewegung in einem kaum vorstellbaren Maße angewachsen. Aus der überschaubaren Gruppe, die den Verband gegründet haben, ist damit eine Massenbewegung geworden.

Hospizarbeit und Palliativ-(Care)begleitung gehen Hand in Hand

Ziel der Hospizarbeit ist es, ebenso, wie es das Ziel der Palliativbewegung ist, Sterbenden und ihren Nächsten einen Abschied in ihrer gewohnten Umgebung zu ermöglichen. Im Mittelpunkt der Begleitung durch Hospize stehen deshalb auch der schwerstkranke Mensch und seine Umgebung. Eine tragende Säule sind – sowohl in ambulanten als auch stationären Hospizen – die Begleitung durch ehrenamtliche Mitarbeiter*innen.

Die Aufgabe ehrenamtlicher Mitarbeiter*innen

Diese sollen – wie in den Anfängen der Hospizbegleitung definiert – für die Betroffenen und ihre Zugehörigen da sein. Sie spenden ihnen Zeit und gehen auf ihre Wünsche und Bedürfnisse ein. Viele engagieren sich auch ehrenamtlich in Vorständen, in politischen Gremien, in der Öffentlichkeitsarbeit, der Verwaltung, übernehmen Koordinationsaufgaben, Vorbereitungskurse oder beraten und unterstützen in Vereinen. In der Arbeit der Hospiz- und Palliativbewegung stehen sie in erster Linie für die gelebte Solidarität mit den schwerstkranken und sterbenden Menschen in unserer Gesellschaft. Der überwiegende Teil der ehrenamtlichen Mitarbeiter*innen ist in ambulanten Hospizeinrichtungen tätig.

Erlösung

Die jahrzehntelange Arbeit der Ehrenamtlichen hat wesentlich dazu beigetragen, dass unsere Abschiedskultur sich verändert hat. Das übergroße Tabu »Tod« ist gesellschaftsfähig geworden. Das ist maßgeblich durch das Engagement dieser freiwilligen Bereitschaft möglich gewesen. Momentan wird von circa 120.000 Menschen – überwiegend Frauen – ausgegangen, die das möglich gemacht haben. Das alles ist nur deshalb entstanden, weil ein großer Teil der Bevölkerung den bisherigen Zustand unaushaltbar fand – und immer noch findet – und sich engagiert. Ein solcher Siegeszug einer Bewegung innerhalb weniger Jahre wäre sonst wohl kaum möglich gewesen.

Nach einer Studie des Deutschen Hospiz-und Palliativverbandes wird die ganze Bewegung maßgeblich von Frauen, die über sechzig Jahre alt sind, getragen. Diese hoch engagierten Frauen tragen die Bereitschaft in sich, mit Menschen Kontakt zu haben, die große Sorgen haben. Insofern ist es auch die Voraussetzung für die Arbeit, dass sie selbst Erfahrung mit ebensolchen Sorgen gemacht haben. Oftmals ist ein Auslöser für ihre bereitwillige Unterstützung, dass sie selbst Abschiede erlebt und begleitet haben.

Von Befragten, die Angehörige oder Freunde beim Sterben begleitet haben, gaben nur sieben Prozent an, dass die Verstorbenen kurz vor ihrem Tod in einem Hospiz versorgt worden waren, bei sechs Prozent waren auch ehrenamtliche Begleiter dabei. Die Verteilung Ehrenamtlicher ist unterschiedlich. Das Münsterland und weite Teile Baden-Württembergs kommen auf mehr als 98 Ehrenamtliche je 100.000 Einwohner – dagegen kommen Teile Brandenburgs, Sachsens und Sachsen-Anhalts auf weniger als 33 Ehrenamtliche je 100.000 Einwohner. Das sind große Differenzen.

Ambulante Hospizdienste

Eine regelmäßige Begleitung in Pflegeheimen, auch in Krankenhäusern, bei den Betroffenen zu Hause, in Einrichtungen der Eingliederungshilfe für Menschen mit Behinderungen oder in der Kinder-und Jugendhilfe wird durch ambulante Hospizdienste geleistet. Ambulante Hospizdienste leisten ihren Dienst und ihre Arbeit im Wesentlichen durch freiwillige Mitarbeiter*innen.

Das Celler Modell

Die Ehrenamtlichen werden vor ihrem Einsatz meist nach dem so genannten »Celler Modell« auf die Begleitung von Menschen in ihrem Abschied vorbereitet. Dieses ist aus christlicher Tradition entstanden. Das Celler Modell basiert auf dem biblischen Menschenbild und dem Grundmodell der annehmenden Zuwendung Jesu zu den Menschen. Deshalb dienen auch die Leitbilder sowohl des Grundkurses, wie auch des Vertiefungskurses der biblisch-christlichen Tradition. Texte, Bilder und Rituale des christlichen Glaubens und der christlichen Tradition werden neben anderen angeboten. Der persönliche Glaube derer, die sich für die ehrenamtliche Hospizarbeit interessieren, ist keine Voraussetzung für die

Teilnahme am Kurs. Es sind auch keine missionarischen Absichten mit dem Kurs verbunden. Es wird aber die Offenheit erwartet, sich auf diese »Bilder« und Inhalte christlicher Tradition einzulassen und sich mit ihnen auseinander zu setzen.

Das Angebot der ambulanten Hospizdienste richtet sich an die Betroffenen und ihr Umfeld. Die Freiwilligen sollen in der Lage sein, fachkundige Unterstützung einzuholen und werden von hauptamtlichen Mitarbeiter*innen in ihrem Einsatz koordiniert.

Die Koordinator*innen sollen ...

- ehrenamtliche Hospizhelfer gewinnen und ausbilden,
- die Ehrenamtlichen koordinieren,
- bei einem Erstbesuch die betroffenen Patient*innen beraten, kennenlernen und die Situation und den Bedarf einschätzen,
- die Ehrenamtlichen begleiten,
- die Supervision der Ehrenamtlichen sicherstellen,
- die Erreichbarkeit des Hospizdienstes sicherstellen,
- die Hospizdienste mit anderen palliativen Diensten vernetzen und mit ihnen zusammenarbeiten.

Alles kostet was ...

Die Fortbildung für die später ehrenamtlich Tätigen ist für die Einrichtungen mit gehörigen Kosten verbunden. Deshalb werden viele, die dort die Fortbildung machen wollen, auch an den Kosten beteiligt. Viele Hospizeinrichtungen erlassen den Teilnehmenden die Kosten, wenn diese sich bereit erklären, eine gewisse Zeit, meist ein Jahr, ehrenamtlich in der Einrichtung tätig zu sein.

Um sich ehrenamtlich in der Sterbebegleitung zu engagieren, gibt es eine ganze Reihe an Vorbereitungen innerlicher Art, die den Betroffenen angeraten werden.

Für die Vorbereitung auf ein Ehrenamt werden folgende Fragen bewegt und sollen auch von den Ambitionierten bewegt werden:

- haben die Betroffenen genügend freie Zeit, die sie – ohne in Bedrängnis zu kommen – zur Verfügung stellen können? Von einer wöchentlichen Zeit von anderthalb bis drei Stunden wird ausgegangen.
- Können diejenigen die Spende ihrer Freizeit über einen längeren Zeitraum gewährleisten?
- Stehen für die Betroffenen jetzt oder in der nächsten Zeit Lebensumbrüche an (Zum Beispiel Arbeitswechsel, Umzug, Pflege eines Menschen in der nahen Umgebung)?
- Ist die eigene Trauer, sind Abschiede überwunden? Auch Scheidungen und Arbeitsplatzverluste gehören in die Überlegungen hinein. Unverarbeitete Trauer kann dazu führen, dass die Betroffenen emotional zu instabil sind, um ehrenamtliche Arbeit in einem Hospiz leisten zu können.

Zu den Aufgaben bei einer ehrenamtlichen Hospizbegleitung gehört es, regelmäßige Besuche bei den Betroffenen und ihren Nahen zu machen. Die Ehrenamtlichen, meist hoch engagiert und bereitwillig, sollen in der Begleitung …

- eine vertrauensvolle Beziehung zu den Menschen aufbauen,
- Hilfe bei der Auseinandersetzung mit dem Tod geben,
- sowohl die Sterbenden als auch ihr Umfeld berücksichtigen und begleiten,
- Kommunikationsprobleme überwinden helfen,
- Hilfe bei der Auseinandersetzung mit ethischen, religiösen und sozialen Fragen geben

Ambulante Hospizdienste können viele verschiedene Träger haben, meist sind es eingetragene Vereine.

Wie wird ein Mensch ehrenamtliche/r Hospizbegleiter*in?

Am Ort befindliche Hospizdienste können Bereitwilligen den Einstieg in die Hospizarbeit ermöglichen. Dabei gelten die oben angegebenen Fragestellungen. Die Bezahlung kann unter bestimmten Bedingungen von den Krankenkassen übernommen werden, für die Betroffenen wird der Dienst jedoch ehrenamtlich geleistet. Hospizvereine finanzieren sich hierbei größtenteils über Spenden. Und erst dann, wenn eine häusliche Versorgung schwieriger wird und kaum mehr gewährleistet werden kann, steht der Aufenthalt in einem stationären Hospiz an.

Zwischenlösung: Tageshospiz

Diese Einrichtungen sind noch sehr selten. Tageshospize stellen eine Art Bindeglied zwischen der ambulanten und der stationären Hospizbegleitung dar. Die Betroffenen können tagsüber Kontakt zu anderen Betroffenen aufnehmen und befinden sich gleichzeitig sowohl in pflegerischer als auch medizinischer (palliativer) und sozialer Versorgung. Die Betroffenen müssen, um diese Dienste wahrnehmen zu können, transportfähig sein.

Ein wichtiger Punkt ist auch hier die Entlastung der Angehörigen, die durch die sorgenvolle und alltagsintensive Begleitung eines nahen Menschen oft genug an ihre eigenen Grenzen stoßen und massiv überfordert sind.

Stationäres Hospiz

Für Bewohner*innen eines Pflegeheimes ist es nahezu unmöglich, in ein stationäres Hospiz aufgenommen zu werden.

Sollte eine entsprechende Krankheit vorliegen, ist bereits im Krankenhaus darauf zu drängen, dass ein Hospizaufenthalt bewilligt wird. Sollte dies durch die Krankenkassen abgelehnt werden, kann Unterstützung bei der Deutschen Hospizstiftung-Patientenrecht gefunden werden (www.stiftung-patientenschutz.de).

Bei einem Aufenthalt in einem Pflegeheim wird davon ausgegangen, dass die Betroffenen sowohl genügend Pflege als auch eine palliative Begleitung bekommen können.

Dass Betroffene kaum aus Pflegeheimen in ein Hospiz verlegt werden, liegt auch in den für einen Aufenthalt anfallenden Kosten. Beim Aufenthalt in einem Pflegeheim fallen monatlich als Eigenanteil etwa zwischen 1200 Euro bis 2160 Euro an – Dabei beträgt der Eigenanteil der Bewohner*innen durchschnittlich um die 1700 Euro in Deutschland. Diese Kosten variieren je nach Bundesland. Die tatsächlichen Kosten für einen Platz im Pflegeheim liegen erheblich höher. Es kommen die Zahlungen der Pflegekassen dazu. Diese Zuzahlungen sind abhängig davon, welchen Pflegegrad ein Mensch bekommt. Ein Platz in einem Pflegeheim kostet je nach Bundeland monatlich etwa zwischen € 2700 und € 4000.

Ein stationärer Hospizaufenthalt schlägt mit anderen Zahlen zu Buche: Monatlich werden dafür zwischen 6000 Euro und 7500 Euro berechnet. Hospize sollen einen Eigenanteil von 10 Prozent selbst – etwa über Spenden – aufbringen. Manchmal werden die fehlenden 10 Prozent auch den Bewohner*innen des Hospizes (den Gästen) abverlangt. Die restlichen Kosten werden von den Krankenkassen übernommen.

> »Bei uns hat gerade die Krankenkasse nachgefragt, wie lange Herr Maier denn noch leben wird. Woher sollen wir das denn wissen? Sind wir Gott?«
> B., Krankenschwester in einem stationären Hospiz

Gäste mit überschaubarer Verweildauer

In Hospizen werden diejenigen, die eine Hospizberechtigung bekommen haben und dort ihre letzten Lebenstage oder Wochen verbringen, als »Gäste« bezeichnet. Es sind also Gäste in einer Herberge, die ihnen für eine überschaubare (Lebens-)Zeit Obdach gewährt. Unter Hospizen versteht man Orte, die Betroffenen, deren verbleibende Lebenszeit absehbar geworden ist, einen Abschied in Würde – und schmerzfrei – ermöglichen. Insofern werden sich Menschen, die sich in diesem Abschied befinden, meistens in palliativer Behandlung befinden.

Die Berechtigung, Gast sein zu dürfen

Die Notwendigkeit der Pflege in einem Hospiz muss deutlich von einem Arzt ausgesagt und befürwortet werden. Das kann auch von einem Palliativarzt der SAPV, SAPPV oder SAGPV getan werden. Aufgrund dieser Verordnung wird dann der entsprechende Antrag, entweder bei der Krankenkasse oder beim Hospiz erhältlich, ausgefüllt und gestellt. Ansprechpartner für die Antragstellung sind die Kranken- oder Pflegekassen. Bevor die Aufnahme im Hospiz stattfinden kann, sollte die Erklärung der Kostenübernahme durch die Krankenkasse bereits schriftlich vorliegen. Normalerweise drängt in diesen Momenten die Zeit. Deshalb sind die Krankenkassen bestrebt, die Bearbeitungszeit so kurz wie möglich zu halten, damit eine schnelle Aufnahme in einem stationären Hospiz erfolgen kann.

Eine Hospizberechtigung gibt es nur dann, wenn ein Mensch austherapiert ist, also keine weiteren bekannten medizinischen Maßnahmen zur Verfügung stehen und eine häusliche Versorgung nicht mehr geleistet werden kann. Palliative Behandlung und Hospize gehen quasi Hand-in-

Hand. Es gibt etliche stationäre Hospize, die ausschließlich von SAPV-Diensten – und ohne eigene palliativmedizinische Versorgung – medikamentös begleitet werden.

Mittlerweile gibt es in Deutschland 236 stationäre Hospize. Die durchschnittliche Verweildauer der Gäste in den Häusern beträgt zwischen zwei und vier Wochen. Es kommt auch vor, dass Gäste nur wenige Stunden in einem Hospiz verbringen, bevor sie sterben. Das kann unterschiedlich gedeutet werden. Entweder die Betroffenen sind viel zu spät in ein Hospiz gekommen oder sie brauchen den Weg aus ihrer häuslichen Umgebung, um quasi den »Absprung« schaffen zu können.

Würde

> **Die Würde des Menschen ist unantastbar. Sie zu achten und zu schützen ist Verpflichtung aller staatlichen Gewalt.**
> Artikel 1, Grundgesetz Deutschland

Und dieser Abschied – möglichst schmerzfrei und in Würde – ist durch Hospize tatsächlich geschaffen worden. Nach oftmals jahrelangem, quälendem Spiel zwischen Hoffen und Bangen, befinden sich betroffene Sterbende und ihre Nahen in einem Umfeld, das ihnen nicht mehr vorgaukelt, dass alles getan werden könnte, damit sie wieder gesund und munter werden. Hier ist das Spiel zu Ende und die Betreffenden wissen, dass sie sich im Abschied befinden. Es erfordert von allen, die dort arbeiten und auch von denen, die den Abschied-Nehmenden den Weg in ein Hospiz oder eine Hospizbegleitung bahnen, den Mut, das Unaussprechliche auszusprechen, nämlich, dass die Weisheit der Medizin auch ihre Grenzen hat und jedes Leben endlich ist.

Das Problem dabei ist, dass erst dann, wenn der »Fluch des Todes« einem Menschen im Nacken sitzt, der Begriff »Würde« plötzlich eine Rolle spielt. Und nicht nur das: in einem Hospiz wird die Achtung der Würde tatsächlich umgesetzt. Es ist sehr schade, dass das erst so spät passiert. Insofern halten alle Hospize uns einen Narrenspiegel vor. Auf den letzten Metern des Lebens sind wir in der Lage umzusetzen, was im Grundgesetz verankert ist. Visionäre könnten das auf alle unsere Lebensbereiche ausweiten.

> »Ach, wir befinden uns als Menschheit gar nicht mitten in einem selbstverwalteten Projekt. Wir befinden uns alle zusammen in einem selbst verwalteten Hospiz!«
> Unbekannt

Willkommenskultur

Auch die Zugehörigen werden in den Hospizen willkommen geheißen. Meistens steht für die Begleitenden sogar ein eigenes Zimmer bereit, damit sie dort übernachten können, oftmals wird auch ein zusätzliches Bett in das Zimmer der Gäste geschoben, damit der gemeinsame Abschied stattfinden kann. Besucher werden keinesfalls ausgegrenzt, sondern – ganz im Gegenteil – einbezogen.

Aus der Sicht einer Sterbeamme

So geht es also auch

Menschen, die sich am Ende ihres Lebens in einem Hospiz befinden, sind plötzlich in einer Welt, die sie vorher nicht kannten und in bisherigen Institutionen auch gar nicht kennenlernen konnten. Ganz plötzlich werden Untersuchungen, die vorher fast an der Tagesordnung waren, eingestellt. Es haben sich sogar Sterneköche für die Arbeit im Hospiz interessiert. Es gibt keinen Weckdienst, der den Betroffenen Aktivität signalisiert – und das gefühlt mitten in der Nacht. Wer ausschlafen möchte, kann dies tun. Wer nicht essen möchte, muss nicht essen. Wer Sekt trinken möchte, kann Sekt trinken und wer eine Zigarette rauchen möchte, kann dies tun und wird in liebevollster Weise unterstützt, das in einer möglichst angenehmen Atmosphäre zu tun. Dafür wird das Bett dann durchaus auf den Balkon, auf die Terrasse oder an einen ähnlichen Ort geschoben. Ganz plötzlich verlangt niemand mehr »Vernunft« von denen, die den Lebensweg bis hierher geschafft haben. Und niemand redet ihnen in ihre Leben hinein und fordert sie dazu auf, etwas zu tun oder zu lassen. An diesen Orten dürfen die Menschen das sein, was sie sind und niemand will sie anders haben. Insofern ist ein stationäres Hospiz ein wahrlich paradiesischer Ort – wäre da nicht die Tatsache des Austherapiertseins.

> »Wie? Niemand sagt mir hier, was ich nicht darf. Und niemand sagt mir, wohin ich nicht darf. Bin ich schon tot? Bin ich schon im Paradies?«
> Ein Gast im Hospiz

Essen oder nicht?

Wer sich seinem Lebensende nähert, hört in der Regel irgendwann einmal von selbst auf, zu essen. Das ist ein ganz und gar natürlicher Prozess, den wir Menschen mit der Tierwelt – und womöglich auch mit der Pflanzenwelt – gemeinsam haben. Sterben beinhaltet auch eine Mit-Entscheidung der Seele. Über den Verstand kann das nicht entschieden werden. Heute wird dieser Prozess manchmal mit dem Begriff »Sterbefasten« in Zusammenhang gebracht. Dennoch besteht die Tatsache unabhängig von der Begrifflichkeit, dass ein Leben, das sich verabschiedet, immer weniger, bis zu keiner Nahrung mehr aufnimmt. Und dies führt letztendlich zum Tod.

Will ein Gast in einem Hospiz nicht essen, so ist das kommentarlos in Ordnung. Es wird nachgefragt, ob es irgendetwas geben könnte, was der betreffenden Person schmecken könnte. Und alle bemühen sich darum, die Wünsche zu erfüllen. Das ist bei allen mir bekannten Hospizen in dieser Art die Regel.

Nun haben Zugehörige andere Hoffnungen und Bedürfnisse. Sie freuen sich, wenn etwas, das sie mitgebracht haben oder das serviert wird, ihren Lieben schmeckt. Wir alle wissen wohl um die Gegebenheit, dass Essen und Leben auf irgendeine Weise miteinander verbunden sind. Und wenn die Lieben nicht essen, steigt der Sorgenpegel bei den Besucher*innen.

Unser Körper braucht Nahrung, um sein Dasein aufrecht zu erhalten. Dabei ist es erst einmal völlig egal, um welche Ernährungsform es sich handelt. Mangelerscheinungen brauchen normalerweise ihre Zeit, bis sie entstehen. Wenn Nahrung aufgenommen wird, ist es die Aufgabe des Körpers und des Stoffwechsels, diese Nahrung und seine Bestandteile sich selbst zu eigen zu machen. Besonders deutlich ist dies an den Eiweißen zu sehen. Fremdeiweiße werden – wenn sie nicht in körpereigenes Eiweiß umgewandelt werden – von unserem Immunsystem als fremd erkannt und abgestoßen. Deshalb muss jede Nahrung, besonders jedes Eiweiß, zu dem Eiweiß verwandelt werden, dessen Besitzer es als haargenaue Struktur und »Schrift« hat. Das bedeutet es, wenn es heißt, Essen ist Leben. Zeit unseres Lebens nehmen wir Nahrung auf und verwandeln sie zu uns selbst. Das heißt, dass ich die Außenwelt in mich aufnehme und zu mir selbst mache. Damit ist das Phänomen »Essen oder nicht« in einer tieferen Bedeutung angekommen.

Wenn Gäste von ihren Zugehörigen zum Essen aufgefordert oder sogar gedrängt werden, so heißt das nichts anderes, als dass sie hoffen, der liebe Mensch solle bei ihnen bleiben und weiterleben. Insofern brauchen in diesen Momenten auch die Zugehörigen eine liebevolle, fürsorgliche Begleitung. Jedes Essen der Gäste birgt die große Erleichterung und Hoffnung auf Weiterleben in sich und jede Verweigerung weist auf den bevorstehenden Tod hin und konkretisiert ihn.

Der Bahnsteig

Dem Tod ins Gesicht blicken zu müssen ist eine schwere Aufgabe. Und es sind Tausende, die dies täglich tun müssen.

Wird ein Mensch in einem stationären Hospiz aufgenommen, geht es diesen, wie einem Menschen am Bahnhof. Menschen die an Bahnhöfen auf ihren Zug warten, haben ihre Fahrkarte und vielleicht sogar eine Sitzplatzreservierung in der Tasche, sie haben ihr Gepäck neben sich und warten. Einige springen auch noch schnell in den Zug, der schon fast zur Abfahrt bereit ist, weil sie sehr in Eile sind. Alle anderen warten. Manchmal kommen Züge viel zu spät – aus welchen Gründen auch immer. Manche, die das Reisen nicht gewohnt sind, sind nervös und harren schon lange dort aus, vor lauter Angst, ihren Zug zu verpassen. Wie es an Bahnhöfen üblich ist, sind diese zugig und kalt. Es ist laut, es ist schrill, es quietscht und pfeift. Vielleicht laufen einige Menschen herum, und möchten einen Euro haben.

Es ist mit dem Sterben und unserer Abfahrt vom Leben wie auf dem Bahnsteig am Bahnhof. Mit dem einen feinen Unterschied, dass wir nicht genau wissen, wann unser Zug kommt. Wer jetzt das Glück hat, Bahncomfortkund*in zu sein, kann die Wartezeit anders verbringen: In großen Bahnhöfen gibt es die DB-Lounge. Dort kommt nur hinein, wer die Berechtigung dafür hat. Und dort ist es warm. Es stehen Sessel dort, in denen man es sich bequem machen kann. Zeitungen gibt es zuhauf. Und dort können so viele Cappuccino und Kaffee, Tee

und Kaltgetränke umsonst genossen werden, wie nirgends an diesem Bahnhof. Ja, wer das Glück in diesem Elend hat, eine Bahncomfortkarte zu haben, hat das gleiche Glück, wie ein Mensch mit Aufnahmeberechtigung in ein Hospiz.
Claudia Cardinal

Der Narrenspiegel

Es ist also kein Wunder, dass es so vielen Menschen, die in einem stationären Hospiz als Gäste untergebracht sind, unendlich viel besser geht, als vorher. Immer wieder einmal gibt es Situationen, in denen die Gäste doch wieder den Weg in ihr Zuhause gehen können, bevor sie dann letztlich ans Sterben kommen. Niemand wird den Weg in ein Hospiz finden, wenn Gesundheit die Diagnose ist.

Dann, wenn jede medizinische Vernunft am Ende ist, hören wir auf, anderen Ratschläge zu erteilen, nach denen wir gar nicht gefragt wurden, und begleiten achtsam und fürsorglich einen Weg, der anders ist, als es unser eigener Lebensweg ist. Das ist der Weg des Abschieds vom Leben in einem Hospiz.

Schade, schade, schade ...

Doch diese Achtung vor einem anderen Menschen setzt erst dann ein, wenn unser Leben und unsere Teilnahme und Mitwirkung an der Gesellschaft und ihrer Entwicklung zu Ende scheinen, also erst sehr spät.

Und auch die Versorgung von Ängsten setzt oftmals erst dann ein, wenn ein Mensch den Weg in ein Hospiz oder eine Palliativstation gefunden hat. Für die Versorgung der Begleitmonster ist es dann oftmals zu spät.

Kapitel 10
Psychoonkolog'innen und die psychosoziale Onkologie

Die Psychoonkologie (oder Psychosoziale Onkologie) ist ein Begriff, der sich aus „Psychologie", der Lehre von der Psyche und „Onkologie", der Lehre von den Geschwülsten und Tumoren zusammensetzt. In der Psychoonkologie werden Krebspatient*innen psychologisch betreut und beraten.

Einer der frühen Geschichtsschreiber aus der Antike, Herodot, beschrieb die Brustkrebserkrankung einer Königin namens Atossa aus Persien. Wie von ihm berichtet wurde, wandte sie sich an einen Sklaven, der medizinische Kenntnisse hatte. Es ist überliefert, dass sie durch die Behandlung gesund geworden ist. Es handelt sich um die erste geschichtlich beschriebene Brustkrebserkrankung. Und der gute Ausgang der Geschichte ist damals – wie auch heute in vielen Fällen – ein großes Wunder.

Die Bezeichnung von Tumoren und Geschwülsten mit dem Namen »Krebs« stammt aus dem Altgriechischen, wo ebenfalls sowohl das Tier »Krebs« als auch die Krankheit »Karzinom« auf diese Weise bezeichnet wurde. Im 2. Jahrhundert n. Chr. beschreibt Galen, dass die Herkunft des Namens nach der Ähnlichkeit von geschwollenen Adern eines äußerlichen Tumors mit Krebsbeinen komme. Der englische Begriff »Cancer« (Krebs) ist heute in der Medizin der übliche Name geworden. – abgekürzt wird von CA gesprochen.

Krebs bezeichnet in der Medizin die unkontrollierte Vermehrung und das Wachstum von ehemals körpereigenen Zellen.

Diese Zellen entziehen sich nach ihrer Mutation jeglicher Kommunikation mit anderen Zellen und haben sich quasi aus dem Gesamtzusammenhang gelöst und entfernt. Diese sich vermehrenden Krebszellen schaden auf vielfältige Weise dem Körper. Unter anderem zeigt sich ihre Bösartigkeit (Malignität) auch durch Neuansiedelungen in anderen Teilen des Körpers (Metastasierung). In Deutschland erkranken jährlich etwa 500.000 Menschen neu an Krebs. Das bedeutet für alle Beteiligten und ihr Umfeld, dass sie oftmals über Jahre mit allen begleitenden Folgen konfrontiert sind. Wohl gemerkt: es kommen jährlich 500.000 Neuerkrankungen hinzu.

Neben den rein medizinischen Fragen wird erst seit den 1990er Jahren untersucht und erforscht, welche anderen Begleiterscheinungen mit einer Krebserkrankung einhergehen. Zu den offenen Fragen gehört auch, inwieweit sich die Erkrankung auf die Lebensqualität auswirkt, welche psychischen und sozialen Störungen sich entwickeln können. Die Psychoonkologie hat auch die so genannte „Komorbidität" im Fokus. Hierbei handelt es sich um Begleiterkrankungen, die zusätzliche Probleme mit sich bringen können. Eine wichtige Frage, die die Psychoonkologie beschäftigt ist auch, inwieweit sich die Lebensqualität auf medizinische Verläufe auswirkt und welche Faktoren dabei eine Rolle spielen können, dass sich psychische Begleiterkrankungen entwickeln. Diese Faktoren sollen erkannt und frühzeitig versorgt werden. Es handelt sich also um eine ebenso schwierige, wie komplexe Forschung und Arbeit.

Es wird heute davon ausgegangen, dass etwa ein Drittel der Krebspatient*innen im Laufe der Erkrankung zusätzlich eine psychische Störung (Komorbidität) entwickelt. Deshalb sollte eine psychologische Betreuung von Menschen, die eine Krebserkrankung haben, ein normaler Bestandteil jeder Krebsbehandlung sein.

Dieser Fachbereich der Psychoonkologie hat sich auf die Zusammenhänge zwischen Krebsentstehung, Erkrankungsverlauf, sozialrechtlichen Faktoren und den psychischen Empfindungen bei Krebserkrankungen spezialisiert. Betroffene spüren Veränderungen sowohl an ihrer körperlichen Erscheinung als auch in ihrem Körperempfinden. Gleichzeitig geraten ihr Selbstbild und ihr Selbstempfinden ins Wanken. Hier benötigt es Unterstützung von außen, um sich während des Lebensumbruchs neu orientieren zu können. Dazu ist es auch notwendig, eigene, ganz individuelle Ressourcen zu wecken und zu stärken. Betroffene Krebserkrankte leiden selbstverständlich unter der Bedrohung durch diese vielfältigen Probleme. Gleichzeitig findet bei einer Krebserkrankung immer auch die Auseinandersetzung mit dem Tod statt. Diese größte Hürde wird in der Medizin noch sehr wenig wahrgenommen, geschweige denn berücksichtigt.

Gefühle, Wünsche, Sorgen und Bedenken der Betroffenen brauchen eine Ablaufstelle, an der sie wahrgenommen und gehört werden.

Das größte Anliegen der Psychoonkologie besteht darin, die Lebensqualität der Betroffenen und ihrer Umgebung zu erhalten und zu verbessern.

Ab jetzt ist alles anders

Heute wird allgemein davon ausgegangen, dass etwa die Hälfte der Betroffenen Probleme mit und in der Krankheit entwickelt. Probleme können in Form von einer anhaltenden Schlafstörung auftreten, es kann tiefe Niedergeschlagenheit bedeuten und/oder fortständiges Grübeln. Das Selbstwertgefühl der Betroffenen leidet ebenso wie ihre Zukunftsperspektive. Auch ist immer wieder eine soziale Isolation zu beobachten.

Durch eine psychoonkologische Begleitung kann nachweislich vielen Betroffenen eine gute Unterstützung gegeben werden. Fachleute raten deshalb auch dazu, dass alle Krebspatient*innen ein entsprechendes Angebot erhalten sollen.

Die Ziele einer psychoonkologischen Begleitung werden unter anderem beschrieben als:

- Ängste bewältigen.
- Selbstwertgefühl verbessern.
- Drohender sozialer Isolation vorbeugen.
- Beziehungen zur Medizin stärken und verbessern.
- Zwischenmenschliche Probleme lösen.
- Strategien entwickeln um besser handeln zu können.

Die tatsächlichen Fragen?

Psychoonkologen, die oft mehrere Jahre einen Menschen in der Krebserkrankung begleiten, stehen vor dem Problem, ob sie diesen Menschen auch zum Sterben begleiten können. Wenn sie dazu bereit sind, steht die Frage an, wo Sterbebegleitung beginnen kann und vor allem, wie diese inhaltlich aussehen kann.

Probleme

Fachleute fordern, dass somatische (körperlich orientierte) und psychosomatische (psychisch-körperlich orientierte) Medizin intensiver zusammen arbeitet, denn die Probleme liegen unter anderem darin, dass in den immer noch getrennten Versorgungsbereichen jedes Fachgebiet maßgeblich ihre eigenen Ziele und Prämissen verfolgt.

Auch das Problem, überhaupt einen Termin bei einem von den Krankenkassen anerkannten Psychotherapeuten zu bekommen, stellt einen häufigen Hinderungsgrund für eine unterstützende Versorgung dar. Oft kommen Patienten um lange Wartezeiten nicht herum.

Seit dem 1. April 2017 steht gesetzlich Versicherten die Möglichkeit offen, eine psychotherapeutische Sprechstunde zu besuchen. Bei Bedarf kann auch eine Akutbehandlung wahrgenommen werden. Sollten Betroffene weiterhin Schwierigkeiten haben, einen Behandlungsplatz zu finden, ist es ratsam, sich an die Terminservicestelle der Kassenärztlichen Vereinigung ihres jeweiligen Bundeslandes zu wenden. Die Einschränkung in derlei Fällen ist, dass der/die Psychoonkologe*in bei einer Vermittlung durch die Terminservicestellen allerdings nicht frei gewählt werden kann.

Die Versorgung mit genügend Psychoonkolog*innen ist das eine Problem. Doch etliche Patient*innen und auch Angehörige scheuen sich davor, eine Beratung anzustreben. Eine psychologische Unterstützung ist für sie oftmals gleichbedeutend mit einer psychischen Erkrankung oder einer Depression. Viele Menschen haben ein abwehrende Haltung zu jeder psychologischen Beratung. Oftmals wird jede vorhandene Unterstützung noch immer mit den Worten: »Ich bin doch nicht verrückt« vehement abgebügelt. Nur durch Information und Öffentlichkeitsarbeit können diese Grundhaltungen ihrem fest gemauerten Stigma entkommen.

Den Mund aufmachen ...

Man muss sehr lange auf einem Stuhl sitzen, bis einem gebratene Hühner in den Mund fliegen.
Aus China

Viele Krankenhäuser bieten Gesprächsgruppen mit Anleitung für Betroffene an. Es gibt auch Selbsthilfegruppen, die gute Anlaufstellen dafür sind, sich auszutauschen und damit neue Wege, einen veränderten Umgang mit der Krankheit und ihren Folgen zu finden Es gibt vielfach Tanzkurse, musiktherapeutische Kurse und kunsttherapeutische Kurse, die angeboten werden, damit Betroffene sich in einem geschützten Rahmen zeigen und untereinander austauschen können. Das kann einer sozialen Isolierung gut entgegenwirken. Besonders in Ballungsräumen und Großstädten gibt es zunehmend spezielle Angebote für Krebspatient*innen, durch körperliche Bewegung und Sport die Leistungsfähigkeit zu stärken.

Es bleibt allen Betroffenen nur zu raten, aktiv zu werden und sich an die entsprechenden Zentren zu wenden und sich zu informieren. Es gibt viele verschiedene Möglichkeiten, doch von selbst werden diese sehr wahrscheinlich nicht zu einem kommen.

Ein neuer Beruf?

Der Begriff »Psychoonkologe« ist in Deutschland keine geschützte Berufsbezeichnung. Um die verschiedenen Ausbildungswege vergleichbar zu machen, hat die Deutsche Krebsgesellschaft (DKG) in Zusammenarbeit mit den Fachgesellschaften dapo und PSO Standards entwickelt.

Es sollte zwischen einem »psychosozialen«, einem »psychoonkologischen« Beratungsangebot und einer »Psychotherapie« unterschieden werden. Psychoonkologische Beratungsstellen in Krankenhäusern oder Reha-Kliniken dienen der »ersten Hilfe« und vermitteln weiterführende Hilfen für Krebspatienten und ihre Angehörigen. Eine Psychotherapie geht über eine »Beratung« hinaus.

Eine Art »Krisenintervention« sollte von allen Mediziner*innen erlernt werden. Im Sinne der Psychoneuroimmunologie (siehe Seite 142) wäre dies von großem Wert. Bereits heute ist klar geworden, dass es so etwas wie eine »Krebspsyche« nicht gibt. Gleichzeitig ist auch allen deutlich geworden, dass jedweder Stress jede Erkrankung nicht nur begünstigen, sondern sogar vorantreiben kann. Dies gilt ganz besonders für den Distress, den die Diagnose Krebs auslöst.

Stress wird in zwei unterschiedliche Felder eingeteilt:

- Eustress ist ein wohltuender, anregender, stimulierender, positiver Stress
- Distress ist ein unangenehmer, drückender, belastender, negativer Stress

In Deutschland wissen viele Ärzt*innen kaum oder nur wenig über die psychischen Belastungen, die durch die Krankheit Krebs auf die Betroffenen und ihr Umfeld einwirken.

Wenn eine Berechtigung vorliegt, therapeutisch zu arbeiten, können Psychoonkolog*innen dies tun. Berechtigungen liegen etwa vor bei Ärzt*innen, Psychotherapeut*innen und Heilpraktiker*innen. Alle anderen dürfen – ob psychoonkologisch fortgebildet oder nicht – nur beratend tätig sein. Hier verschwimmen einige Grenzen: einerseits ist die Bezeichnung »Psychoonkolog*in« nicht geschützt und auf der anderen Seite wird suggeriert, dass Fortgebildete eine psychologische Begleitung anbieten würden – was jedoch rein rechtlich nur einige anbieten dürfen. Gleichzeitig verschwimmen dabei selbstverständlich auch die Begriffe von »Begleitung und Beratung« und »Therapie/Behandlung«. Letzteres ist nur dann eindeutig, wenn es um Diagnostik und medizinische Verordnung geht. Begleitende und Beratende dürfen keine Therapieempfehlungen geben und auch keine psychologischen Behandlungen anbieten.

Wie wird ein Mensch Psychoonkolog'in?

Psychoonkolog*innen benötigen zusätzlich zu ihrem Grundberuf eine Spezialisierung in Psychoonkologie. Es gibt Leitlinien der Deutschen Krebsgesellschaft, die Weiterbildungsinstitute anerkennen können. Ist die betreffende Person berechtigt, die psychoonkologischen Dienste anzubieten, kann entweder in Institutionen oder selbständig psychoonkologisch gearbeitet werden. In Deutschland ist die Begleitung durch Psychoonkolog*innen eher noch die Ausnahme. Anders ist dies in den USA und Kanada.

Grundsätzlich übernehmen die gesetzlichen Krankenkassen die Kosten für eine Psychotherapie, wenn folgende Bedingungen erfüllt sind: Es muss sich um ein von den Kassen anerkanntes Verfahren handeln. Dazu gehören etwa Verhaltenstherapie, tiefenpsychologisch fundierte Psychotherapie oder analytische Psychotherapie. Seit 2015 ist auch EMDR als Verfahren bei PTBS (posttraumatische Belastungsstörung) in den Katalog aufgenommen. In Planung ist auch, dass Systemische Therapien aufgenommen werden. Die Verfahren werden nur dann von den Krankenkassen erstattet, wenn sie von ärztlichen oder psychologischen Psychotherapeuten mit Approbation durchgeführt werden.

Die Begleitung durch Psychoonkolog*innen muss durch Mediziner*innen verschrieben werden.

In Einzelfällen können Krankenkassen auch die Kosten für die Behandlung bei einem Therapeuten ohne Kassenzulassung übernehmen. Dies kommt nur dann in Betracht, wenn die Praxen von Psychotherapeut*innen mit Kassenzulassung überlaufen sind. Haben Betroffene vergeblich nach einem Therapieplatz gesucht, sollten diese in diesen Fällen die Kostenübernahme mit Therapeuten und der Krankenkasse abklären.

Aus der Sicht einer Sterbeamme

Ein Problem ist es, dass sich Psychoonkolog*innen oft davor scheuen, die Frage nach dem Sinn nicht nur zu stellen, sondern auch innerlich zu bewegen. Diese Frage jedoch treibt Betroffene und ihre Umgebung um. Jede Stärkung bei sozialen und persönlichen Schwierigkeiten und eine Stärkung der Betroffenen und ihres ganzen Systems ist begrüßenswert. Es ist wichtig, die Ressourcen, die ein Mensch in einer Krise hat, zu nutzen und dadurch die betroffenen Menschen wieder aufzubauen. Es ist ebenso wichtig, dass einer drohenden sozialen Isolation vorgebeugt wird und Selbstvorwürfe bearbeitet werden.

Die Katze um den heißen Brei …

Angesichts des Sterbens sind es tiefe und wesentliche Fragen, die die Betroffenen bewegen. Und diese sind spirituell-geistiger Natur. Es kann auch um Selbstbewusstsein, um Zwischenmenschliches und um drohende Isolation gehen, doch die zentralen Fragen richten sich danach, ob das Sterben qualvoll sein wird, ob es ein »Danach« gibt und wie wir diesen Ort verlassen. Gleichzeitig findet eine Bilanzierung des gelebten Lebens statt. Dieses Resümee ist maßgebend für einen Abschied in größtmöglichem Frieden. Diese Fragen jedoch sind weder Bestandteil einer wissenschaftlichen Ausbildung in der Psychologie noch Kern der Ausbildung zum/zur Psychoonkolog*in.

Und wer denkt, Gespräche und Planung der eigenen Beerdigung seien die wichtigen Fragen, hat sich getäuscht. Diese Fragen zu bewegen, sind nur technische Vorbereitungen auf einen Abschied.

Wie soll das gehen?

Psychologische Verfahren, die von den Krankenkassen bezahlt werden, sind begrenzt.

Diese Verfahren bieten allerdings gerade bei den Problemen, die ein Abschied vom Leben und die begleitenden Fragen und Ängste mit sich bringen, nur wenig Möglichkeiten der Begleitung. Die Verfahren können schwelende Konflikte, die in den Krisen auftauchen, aufnehmen und verwandeln. Wer jedoch den Blick über den letzten Atemzug hinaus richtet und die Fragen nach Sinn und Sinnzusammenhang nicht stellt, wird an der Oberfläche des Geschehens bleiben müssen.

Für alle Fragen und Probleme des Abschieds gibt es – außer in der Theologie – an Universitätsstudiengängen keinen Platz. Die meisten Psychotherapeuten sind also für ein Geleit von Menschen, die vor den Fragen des Sterbens stehen, in keiner Weise ausgebildet.

Kapitel 11
Onkolotsen (Patient‘innenlotsen und Social-Care-Nurses)

Wer sich für einen Lotsen ausgibt, muss den Wind zur Not aus seinem Kopfe hervorbringen.
Sprichwort aus Arabien

Das Projekt Onkolots*in in Neumünster wurde durch Andrea Krull ins Leben gerufen. Andrea Krull ist gleichzeitig Gründerin des Eierstockkrebs-Deutschland e.V. und 1. Vorsitzende des Vereins. Sie erkrankte im Jahr 2013 an Eierstockkrebs und fand in der Zeit weder in Selbsthilfegruppen, noch in Gesprächskreisen oder Vereinen Gleichgesinnte. Andrea Krull hat bei der sächsischen Krebsgesellschaft die Fortbildung zur Onkolotsin gemacht und danach diese Fortbildung nach Neumünster geholt. Inzwischen ist Andrea Krull Ausbilderin für Onkolots*innen.

Bei der Fortbildung zum/ zur Onkolots*in handelt es sich um ein Projekt, das die sächsische Krebsgesellschaft mit Unterstützung des Sächsischen Staatsministeriums für Soziales und Verbraucherschutz aufgebaut hat.

Onkolotse beziehungsweise Onkolotsin ist eine Fortbildung nicht nur für medizinisches Personal, um Menschen und ihre Zugehörigen zu unterstützen. Krebserkrankte sollen darin unterstützt werden, dass sie einen optimalen Weg durch die Versorgungsangebote finden können. Bislang ist diese Fortbildung leider noch nicht sehr verbreitet.

> »Ich befinde mich mitten im Dschungel. Es ist alles voller Lianen und ich sehe keinen Weg vor mir. Nein, nein, ich bin nicht auf Abenteuerurlaub. Ich befinde mich in der Onkologie«
> Eine Betroffene telefoniert

Hintergründe

Betroffene und ihr Umfeld sind in einer medizinischen Krebsbehandlung auf verschiedenen Ebenen verunsichert. Auf der einen Seite steht die Medizin, die mit wenig verständlicher Fremdsprache Informationen und komplexe Behandlungskonzepte aufstellt. Gleichzeitig werden Betroffene durch Informationen beispielsweise aus dem eigenen Umfeld oder den Medien irritiert.

Besonders im Fachbereich der Krebsmedizin, erweitert sich das Wissensspektrum fast täglich. Was gestern noch auf die eine Weise gesehen und getan wurde, ist am nächsten Tag schon »der Schnee von gestern«. Die Vielfalt an Informationen und Mitteilungen kann es den Betroffenen sehr schwer machen, eine ebenso eigene, wie eigenverantwortliche Entscheidung für ihren Behandlungsweg zu treffen – insbesondere dann, wenn sie selbst über keine medizinische Ausbildung verfügen.

Krebspatient*innen benötigen Informationen und sie benötigen auch einen Menschen, der eine Art Bindeglied zwischen Mediziner*innen und ihnen selbst ist. Das kann – ganz konkret – auch bedeuten, dass zum Beispiel verschiedene Therapieansätze durch Onkolots*innen für die Betroffenen erst erklärbar und nachvollziehbar werden.

> **Trotz Minengefahr durchhalten im Wissen, dass der Lotse an Bord ist.**
> Eugen Vinnai

Gespräche mit Mediziner*innen sind für alle Betroffenen große Herausforderungen. Betroffene sind meist aufgeregt und ganz besonders, wenn eine lange Behandlung ansteht oder ein Rezidiv (Rückfall) ihnen das Leben schwer macht, hin- und hergerissen zwischen Hoffen und Bangen. Gleichzeitig sind für die meisten Menschen Ärzt*innen Vertreter*innen einer Instanz, die sehr mächtig ist. Das Wort eines Arztes/einer Ärztin wiegt im Menschenalltag schwerer als andere Worte. Da kann es ganz leicht passieren, dass in der Beratung vieles ganz einfach nicht mehr gehört wird oder ganz einfach nicht verstanden wird. Auch dann, wenn es verschiedene Behandlungsansätze gibt, sind die Betroffenen eher noch mehr verwirrt, als vorher. Wie sollen sie selbst entscheiden können, welcher Therapieansatz sinnvoller oder heilsamer sein könnte? Verschiedene Mediziner*innen können zudem sehr unterschiedlicher Meinung sein, sowohl, was Diagnosen und Prognosen, als auch einen – in diesem Fall – richtigen Behandlungsansatz angeht. Gleichzeitig kann es für die Betroffenen erheblich leichter sein, mit Menschen zu sprechen, die zwar medizinische Expert*innen sind, die jedoch nicht in der Rolle der übergeordneten, behandelnden Instanz sind. Viele Menschen können sich dann sehr viel leichter öffnen.

»*Jetzt bin ich schon zwei Jahre in Behandlung. Meine Behandlung wird als palliativ bezeichnet. Ich weiß nicht, wie lange ich noch habe. Dann mir wurde ein Medikament gegen meine Müdigkeit empfohlen. Mir war so furchtbar übel. Ich habe eine Onkolotsin, die mir genau erklärte, wie häufig das bei dem Medikament passiert und sie wusste genau, welche Alternative dafür als Medikament in Frage kommt. Mein Onkologe kannte das noch gar nicht. Ich bin froh!*«
S., eine Patientin

Ein Fragenkatalog zur Vorbereitung auf ärztliche Gespräche

Auch wenn Patient*innen oftmals, wenn sie sich schon lange in Behandlung befinden, quasi Expert*innen für alle Fragen zum Thema und ihre eigene Erkrankung werden, steht am Anfang neben allem fehlenden Wissen noch der Schock der Diagnose. Es wird Patient*innen vielfach geraten, sich auf Gespräche mit Mediziner*innen vorzubereiten. Die Fragen sollten schriftlich notiert und mit ins Gespräch genommen werden.

Folgende Fragen können sinnvoll sein.

Fragen zu den Symptomen

- Was sind die gängigen Symptome meiner Erkrankung?
- Wodurch entstehen die Symptome?
- Welche Symptome deuten auf eine Verschlechterung meiner Krankheit hin? Worauf muss ich achten?

Fragen zum weiteren Untersuchungsverfahren

- Welche Untersuchungen benötige ich? Wie oft werden diese durchgeführt?
- Was bedeuten die Untersuchungen, die für mich anstehen?
- Wie muss ich mich auf die Untersuchungen vorbereiten? Soll ich etwas zu den Untersuchungen mitbringen?
- Ich verstehe die Blutuntersuchungen nicht. Können Sie mir die Ergebnisse meiner Blut- und Urinuntersuchungen erläutern?
- Welche Bedeutung haben die Blutergebnisse für mich? Was muss ich beachten (z.B. Vorsichtsmaßnahmen bezüglich Infektionen oder Ernährung)?

Fragen zur Behandlung

- Welche Behandlungsmöglichkeiten stehen mir zur Verfügung?
- Worin unterscheiden sich die verschiedenen Behandlungsmöglichkeiten?
- Gibt es Alternativen? Gibt es Empfehlungen aus der Komplementärmedizin? (Komplementärmedizin: Behandlungsmethoden, die sich als Alternative oder auch als Ergänzung zu wissenschaftlich begründeten Behandlungsmethoden in der Medizin verstehen).
- Welche Risiken gibt es bei welcher Behandlung?
- Wie effektiv ist die Behandlung, die Sie mir empfehlen?
- Würden Sie diese Behandlung auch bei Ihrer Ehefrau/Mutter usw. empfehlen?
- Was ist das Ziel der Behandlung?
- Wie sieht meine Prognose mit der Behandlung aus (und wie ohne)? Gibt es überhaupt Zahlen zu denen, die sich der Behandlung entzogen haben? Und wo kommen die Zahlen her?
- Welche Ergebnisse konnten bei dieser Behandlung in klinischen Studien nachgewiesen werden?
- Wie lange werde ich Behandlungen benötigen?
- Wie werden die Behandlungen ablaufen?
- Welche Nebenwirkungen wurden bei dieser Behandlung beobachtet?
- Wie kann ich Nebenwirkungen der Behandlung oder der Erkrankung eindämmen?
- Gibt es Wechselwirkungen mit anderen Medikamenten, die ich einnehme?
- Wenn ich eine Bestrahlung bekomme, weshalb darf ich mich in der Zeit nicht waschen?

Fragen zum Leben nach einer Behandlung

- Was passiert, nachdem ich meine Behandlung abgeschlossen habe?
- Was kann ich selber tun, damit der Krebs nicht wieder auftritt?
- Was kann ich selbst tun, damit ich gesund werde?
- Was passiert wenn/falls der Krebs wieder auftritt?

Fragen zum alltäglichen Leben mit Krebs

- Kann ich weiter arbeiten? Und kann ich meine Familie weiter versorgen?
- Werde ich Hilfe bei der Verrichtung alltäglich Dinge benötigen?
- Besteht die Gefahr, dass ich ein Pflegefall werde?
- Kann ich alles an Lebensmitteln essen?
- Darf ich Alkohol trinken?
- Wird die Behandlung mein Sexualleben beeinflussen?
- Darf ich weiterhin Autofahren?
- Weshalb soll ich die Öffentlichkeit bei der Behandlung meiden?
- Werden die Kosten für Taxifahrten von der Krankenkasse übernommen?
- Wie kümmere ich mich um eine Zuzahlungsbefreiung? Kann ich ein Gespräch mit dem sozialen Dienst bekommen? Soll ich eine Schwerbehinderung beantragen?
- An wen wende ich mich bei Problemen außerhalb der Sprechstundenzeiten? Gibt es eine »Not-Telefonnummer«?

Nehmen Sie zu Ihrer Unterstützung gerne eine Vertrauensperson mit zum Arzt. Diese kann Sie beruhigen, dem Gespräch ebenfalls folgen und eigene Fragen ergänzen. Außerdem können Sie so leichter Ihre Sorgen und Bedenken teilen Sie finden ausführliche Informationen auch im Internet, zum Beispiel: Krebsratgeber)

Die Realität holt schnell ein

Wer immer sich mit einem so ausgefeilten und dezidierten Fragenkatalog in Arztgespräche wagt, bekommt Probleme. Diese werden diesem Menschen auf Schritt und Tritt Begleitung sein. Es gibt nur wenige Mediziner*innen, die tatsächlich die Zeit aufbringen werden, sich diesen Fragen inhaltlich auch zu stellen. Eile und Zeitdruck sind bekannte Phänomene im Alltag aller, die in der Medizin tätig sind. Dazu kommt noch, dass die ausführlichen Informationen von den Krankenkassen nicht einmal in annähernder Weise bezahlt würden. Und eine zweite Begleiterscheinung wird auch eintreten: alle Ärzt*innen werden das Weite suchen, um sich vor dem Fragenkatalog unbequemer Patient*innen schützen zu können. Und dennoch sind Patient*innen, die dieses Unterfangen wagen, tatsächlich mündige Patient*innen.

> **Der Lotse weiß den Weg im engen Hafen**
> Unbekannt

Beratungen in diesem Feld der Onkolots*innen können manchmal ein wenig mit dem Angebot der Sozialdienste und auch der Psychoonkologie verschwimmen. Onkolots*innen lotsen jedoch Betroffene und ihre Umgebung durch die Komplexität des onkologischen Gesundheitswesens. Das bedeutet, dass sie über ein hohes Maß an medizinischer Fachkenntnis verfügen. Genau dieses medizinische Wissen macht auch ihren großen Vorteil in der Begleitung aus. Das ist im Feld der Sozialberatung und sowohl bei Psychoonkolog*innen als auch bei Sterbeammen und Sterbegefährten nicht unbedingt der Fall. Eine intensive, vernetzte Zusammenarbeit ist deshalb anzustreben und für alle Beteiligten wünschenswert und hilfreich.

> **Übersetzen ist spiegelverkehrt schreiben.**
> Isabel Hessel

Onkolots*innen sind auch Dolmetscher, die Betroffenen übersetzen, was sich in der Fachwelt der Medizin anhört, wie die Sprache auf einem fernen und fremden Planeten. Die Welt der Medizin ist eine Welt für sich und abgeschottet nach außen dazu. Hier braucht es Menschen, die sich sowohl in der medizinischen Fremdsprache als auch in der Sprache normaler Menschen auskennen und diese Welt keineswegs hinter sich gelassen haben. Insofern ist der oft zu hörende Hinweis »Fragen Sie Ihren Arzt oder Apotheker« ein vollständig absurder und abwegiger Rat.

Um Betroffene unterstützen zu können braucht es großes medizinisches Wissen ebenso, wie die Kenntnis über Strukturen in der Onkologie. Patient*innen benötigen auch die Vermittlung, welche Prozesse in einer Krebsbehandlung normal, zu erwarten und zu beruhigen und zu behandeln sind. Onkolots*innen verfügen sowohl über das nötige Fachwissen als auch über die Zeit, die notwendig ist, um Betroffenen die benötigte Ruhe dafür zu geben.

Bislang wurde die Fortbildung zum/r Onkolots*in nur in Zwickau und seit 2018 in Neumünster angeboten (Infos unter: www.onkolotse.de und www.eskd.de). Auch das Saarland macht sich für die Fortbildung von Onkolots*innen stark.

Wie wird ein Mensch Onkolotse/Onkolotsin?

Die Fortbildung wendet sich an Krankenschwestern aus niedergelassenen Praxen, medizinischen Versorgungszentren oder Krankenhäusern sowie weitere in der Onkologie tätige Fachkräfte, Mitarbeiter*innen aus Apotheken, Arzthelfer*innen, Psycholog*innen, Krankenkassenmitarbeiter*innen und andere mit der Onkologie befasste Berufe.

Es handelt sich um eine berufsbegleitende Qualifizierung, bei der die Teilnehmer*innen befähigt werden, Krebspatient*innen und Angehörigen zu begleiten, zu beraten und die richtigen Informationen und Versorgungsangebote für sie zu finden

Bezahlung:

Bei Pflegegrad durch die Krankenkassen
Bei Anstellung an Krankenhäusern werden Beratungen auch über diese finanziert. Dadurch kann eine fundiertere Betreuung gewährleistet werden.

Aus der Sicht einer Sterbeamme

»Ich habe einen guten Arzt. Er ist sehr nett und freundlich!«
B., Patientin in der Onkologie

»Ich bin jetzt bei drei verschiedenen Ärzten in Behandlung. Jeder verschreibt mir was und setzt etwas, was Kollegen verschrieben haben, wieder ab. Wenn ich das dann wieder bespreche, werde ich überall gefragt, weshalb ich das getan habe. Niemand hält hier die Übersicht und die Zügel für mich und meine Behandlung in der Hand. Und wenn ich tot bin, kümmert sich auch niemand darum!«
M., Patient in der Onkologie

»Das einzige Wesen, das in Deutschland richtig krank ist, ist das Gesundheitswesen!«
unbekannt

»Ich habe zwei Aktenordner voller Arzt- und Befundberichte. Und jetzt habe ich ein Rezidiv. Und mein Onkologe fragt, mich jetzt, wie es mir geht. Das sei doch das Wichtigste sagte er....«
M., Patient in der Onkologie

Der Notstand

Ärzte*innen sind überlastet. Das sind fast alle, die in der Medizin oder in der Pflege arbeiten. Patient*innen leiden sehr häufig darunter. Dass verschiedene Ärzte unterschiedliche Meinungen und Ansätze verfolgen und gleichzeitig zu wenig Zeit haben, sich um die Patient*innen zu kümmern. Die Ratsuchenden haben selten den Mut und die Durchhaltekraft, die behandelnden Ärzt*innen umfassend zu befragen. Zumal sie sich selbst in einer fragilen Situation befinden.

Und dann brauchen wir offensichtlich Übersetzer*innen, die das Bindeglied schaffen und halten können.

Onkolots*innen sind aus der Not und Erkenntnis heraus erschaffen worden, dass hier eine grundlegende Kommunikation zwischen Ärzt*innen und Patient*innen nicht stimmt.

Ich verstehe nur Bahnhof

Es ist wunderbar, dass es Onkolots*innen gibt und sie Ruhe und Beruhigung geben können, wo die Medizin ganz einfach versagt. Wie schade, dass es notwendig ist, dass es sie geben muss. Doch dies ist eine entscheidende medizin-systemische und gesellschaftliche Frage und eine ebensolche Herausforderung.

Die Onkolots*innen übernehmen Aufgaben, die im Prinzip bei den Mediziner*innen bleiben müssten. Jede weitere Ebene, die zwischen behandelnden Ärzt*innen und Patient*innen eingezogen wird, deckt weiterhin einen tiefen Mangel ab und vergrößert den Vertrauensschwund und die Verständigungsprobleme zwischen Menschen in Not und ihren Behandler*innen.

Kapitel 12
Sterbeammen und Sterbegefährten

Die Lebensamme/der Lebensbegleiter

Als die erste Tochter von Claudia Cardinal mit sechseinhalb Jahren nach langen Jahren einer akuten Leukämieerkrankung, starb, war dies der Anfang der Lebenskrise. Viele Floskeln aus der Umgebung waren die Antwort. Auch als sich bei Claudia Cardinal aus der Trauer geborene Krankheiten zeigten, war die Antwort darauf die Verordnung einer Substanz. Doch ihr war der Sinn abhandengekommen. Diese Frage mit einer Substanz zu beantworten, ist absurd, das wusste sie.

Im Laufe vieler Jahre als Heilpraktikerin traf sie immer wieder auf Menschen, die in ähnliche Krisen gerutscht waren. Und sie entwickelte viele Werkzeuge für und gemeinsam mit den Betroffenen. Daraus entstand im Jahre 2001 die Fortbildung zur Sterbeamme...

Wenn wir eine weise Frau brauchen, um uns ins Leben zu begleiten so brauchen wir jemand ebenso weisen, um uns wieder hinaus zu begleiten.
Michel de Montaigne

In einer Lebenskrise ist die Begleitung durch Sterbeammen und Sterbegefährten immer dann angezeigt, wenn es Probleme im Abschiedsprozess gibt. Dazu ist es ab und zu notwendig, das bisherige Denken auf den Kopf zu stellen. Mehrere wesentliche Säulen stehen im Fokus der Arbeit von Sterbeammen und Sterbegefährten:

Der Lebenssinn eines Menschen ist in Frage und/oder Zweifel gestellt

- Die brennende und tiefliegende Frage nach einem Sinn und Sinnzusammenhang im Leben und seinen begleitenden Lebenskrisen.

Fremdheit/Isolation

- Das Problem der Fremdheit, des Fremdfühlens und Ausgrenzung

Monster

- Die Begleitmonster, die immer und pünktlich auftauchen, wenn es um Fragen des Sterbens geht (Sorge, Furcht, Angst, Panik).

Gibt es da noch etwas?

- Der Blick über den Horizont, eine tiefe spirituelle Fragestellung, die uns alle betrifft.

Metaphern – Bilder und Geschichten

- Der Einsatz von Bildern und Geschichten (Metaphorisches Bilderstellen).

Der Lebenssinn eines Menschen ist in Frage und/oder Zweifel gestellt

»Sinnlose gibt es überall auf der Welt«
Marc-Uwe Kling

Der Zweifel zerfrisst ein jeglich Werk.
Paracelsus

Im Laufe des Lebens – ganz besonders dann, wenn schwere oder sogar lebensbedrohliche Krankheiten im Raume stehen, wenn nahe Menschen in der Umgebung sterben, ein Mensch unter Liebeskummer leidet oder ganz einfach älter wird – wird oftmals die Frage nach dem »Sinn des Ganzen« übergroß. Möglicherweise hatten sich Betroffene im Laufe der Jahre in und mit ihrem Leben arrangiert. Doch in Lebenskrisen stehen Fragen im Raum, die unsere Alltagsnormalität nur schwer ertragen kann. Das sind oftmals die Fragen, die gemeinhin als »letzte Fragen« bezeichnet werden. Bei diesem Begriff bleibt die Frage offen, was wohl geschähe, wenn es die »ersten Fragen« im Leben wären. Wahrscheinlich blieben uns einige Krisen erspart. Doch um die so genannten »letzten Fragen« drehen wir uns herum so lange wir können und geben alles dazu, die Beschäftigung damit zu vermeiden.

»Ich habe gerade Abitur gemacht. Es hieß immer, dass wir für das Leben lernen würden, nicht für die Schule. Und jetzt habe ich einen unendlichen Liebeskummer. Was soll ich nur tun? Alles ist völlig egal. Ich habe nichts, gar nichts in der Schule dafür gelernt!«
A., hat die Schule gerade beendet

Sinn- oder Sinnlosigkeit sind es, die für die eigene Zukunft von großer Bedeutung sind. Stellt sich für einen Menschen die Sinnlosigkeit als Fazit heraus, kann das auch für die eigene Gesundheit gefährlich werden. Letztendlich resultiert und mündet Sinnlosigkeit in einer alltäglichen »Egal-Stimmung«, die schließlich auch in einem Suizid enden kann.

Wir leben in einer Gesellschaft, in der Funktionieren an oberster Stelle steht. Solange ein Mensch gesund ist, sich keine weiteren Fragen nach einem möglichen Sinn stellt und munter seinen Tätigkeiten nachgeht, gibt es auch kein Problem – außer in diesen regelmäßig auftauchenden Momenten der Ruhe, in denen die eine oder andere Frage durch den Kopf ziehen kann. Jugendliche haben die Fragen nach Inhalten im Leben noch offen in ihrem Fokus. Erst dann, wenn ungestörte Momente im Leben erscheinen, dann werden diese Fragen wieder bewegt. Ungestörte Momente gibt es besonders in den Zeiten, in denen ein Mensch krank ist oder ganz einfach älter wird. Dann kommen wir um Bilanzierungen und Resümees nicht herum. Und ganz besonders bei lebensbedrohlichen Krankheiten tauchen die Fragen, sobald sich der erste Sturm gelegt hat, unweigerlich auf.

»Eine Krise, die sich als richtige Krise erweisen will, stellt den Sinn von allem in Frage. Wenn der Sinn nicht in Frage gestellt ist, dann handelt es sich nicht um eine Krise, sondern ganz einfach um ein Problem«
Jobst Fricke

Diese Fragen tauchen erstmals meist dann auf, wenn ein Mensch etwa zwölf Jahre alt ist. Später, je älter ein Mensch wird, ist ein Arrangement mit dem Leben getroffen und eingewöhnt. Und erst dann, wenn eine Krise sich breit macht, tauchen sie wieder auf, diese quälenden Fragen.

Leider sind diese Fragen verpönt, fast tabuisiert und werden ganz leicht mit besorgten Blicken entlohnt. Wer diese Fragen stellt, kann sich leicht in der Schublade irgendeiner Religion befinden oder sogar in eine »esoterische« Ecke gestellt werden. Und wer diese Fragen weiter stellt, kann sogar in den Verdacht kommen, eine Depression zu haben.

Wir tun so, als würden alle Menschen gerne leben wollen und das Leben dabei in vollen Zügen genießen. Das stimmt leider nicht. Und die Gründe, weshalb ein Mensch lebt, können sehr leicht ins Gegenteil kippen

Gründe zum Leben:

- Freude
- Freunde, Familie
- Gebraucht zu werden
- Gesundheit
- Neugierde (dazu gehören auch Bücher, Lernen, Sonnenaufgänge, Filme, …
- Bewegung (sowohl körperlich als auch im übertragenen Sinne)
- Lebensaufgabe
- Einen Sinn zu haben

Gründe zum Sterben:

- Einsamkeit
- Armut
- Fremdsein
- Krankheit und Schmerz
- Liebeskummer
- Stillstand
- Lebensaufgabe erfüllt
- Keinen Sinn zu haben

Es gibt viele Gründe zum Leben. Doch diese sind sehr fragil. Ganz leicht kann in einer Krise der Grund zum Leben ein Grund werden, auf die andere Seite zu kippen. Und das ist eine gefährliche Angelegenheit. Denn die Gründe zum Sterben sind identisch mit Gründen krank zu werden oder Suizid zu begehen. Alles steht und fällt mit dem Sinn oder der Sinnlosigkeit.

> **Was ist das für Volk! Denken sie auch oder schlurfen sie nur sinnlos über die Erde?**
> Franz Kafka

Fremdheit

Viele Menschen sind fremd auf dieser Erde – oder sie fühlen sich fremd. Es sind immer beide Seiten betroffen. Diejenigen, die sich fremd fühlen und alle anderen, die sich heimisch fühlen, bilden dennoch eine Gemeinschaft. Beide Teile haben ihren Beitrag für die Gemeinsamkeit zu leisten.

> »Also die Nachbarin, die hier vor 30 Jahren eingeheiratet hat, die ist ja zugereist. Sie stammt ja nicht von hier. Sie kam aus dem Nachbardorf.«
> Die Nachbarin der Nachbarin aus dem Nachbardorf

Alles, was anders ist, als es Gemeinschaften wollen, wird als Störfaktor wahrgenommen und angesehen. Ob es eine Hautfarbe ist, ob es eine andere Meinung ist, eine Behinderung, von denen es offensichtlich 22.000 verschiedene Formen gibt, ein nicht mitgemachter Modetrend oder »zu viel« oder »zu wenig« Selbstbewusstsein: Gemeinschaften mögen »anderes« nicht gern. Vielleicht könnte das einer der Hintergründe dafür sein, dass so schnell für jeden Unbill ein Sündenbock gefunden werden muss.

> Wir sind erst sicher, wenn wir sicher sind,
> dass wir nicht allein sicher sind.
> Émile Durkheim

Der Begriff Fremdheit beziehungsweise Fremdsein ist in diesen Jahren ein sehr aktueller geworden oder er war es auch immer schon. Viele Jugendliche fühlen sich als »anders« als die Gemeinschaft und ebenso ergeht es allen, die in irgendeiner Weise in der Masse auffallen. Es bedarf einer Menge Mut, Selbstbewusstheit und Stärke, dies aushalten zu können.

> »Ich wünsche mir sehr, dass ich eines Tages erleben kann, dass niemandem auffällt, wenn ich einmal mein Seminar geschwänzt habe.«
> P., schwarzer Student des Maschinenbaus

Auch wenn ein Mensch in eine Lebenskrise gerät und sich Fragen stellt, die dem Rest der Gesellschaft unangenehm sind, kann es zu diesem Fremdheitsgefühl kommen. Menschen in Lebenskrisen sind auch diejenigen, die lebensbedrohliche Krankheiten tragen, die in Trauer sind, die Liebeskummer haben. Treffen diese, die sich tiefe Fragen nach Sinn und Sinnlosigkeit stellen, auf Ablehnung und Unverständnis, kann dies ganz leicht dazu führen, dass sie sich zusätzlich noch fremd und ausgegrenzt fühlen. Die Fremdheit ist ein großes Problem, das sowohl Erkrankte, wie auch Trauernde und alle anderen Menschen, die auf irgendeine Weise »anders« als der Rest sind, leicht erleben.

Gerät eine Fremdheit, ein Fremdfühlen und eine Ausgrenzung an ihren Höhepunkt, so ist leicht zu erkennen, dass eine Depression nur ein Symptom dieser ausgrenzenden Fremdheit ist. Die Depression ist ein Symptom, nicht die Ursache.

Es ist die Aufgabe einer ganzen Gemeinschaft, Fremdheit und Isolation auch gemeinschaftlich zu erlösen.

> **Der Fremde ist nur Fremder in der Fremde**
> Karl Valentin

Monster

> **Will Zweifel nah' dem Herzen bauen,**
> **So muss die Seele bangend grauen.**
> Wolfram von Eschenbach

Die Begleitmonster des Abschieds machen den Betroffenen und ihrer Umgebung das Leben oftmals zu einer richtigen Hölle. Monster tauchen immer dann auf, wenn sich auf irgendeine Weise der Tod konkret bemerkbar macht. Es ist tatsächlich so, als klopfe der Tod, der Sensenmann, der »Alte Bekannte«, nur einmal kurz an unserer Tür und schnell und unaufhaltsam drängen sich durch jeden noch so kleinen Türspalt vier Monster in den Raum. Diese sind nicht dazu zu bewegen, diesen Raum wieder zu verlassen. Ab diesem Moment sind sie äußerst schreckliche und grauenvolle Mitbewohner bei den Betroffenen und ihrem Umfeld geworden. Sie erzählen allen Beteiligten von den Schrecknissen einer ungewissen Zukunft, die von Leiden und Elend gespickt sind. Nein, sie erzählen keineswegs davon, dass »alles« gut gehen werde und eine rosige Zukunft im Raume steht.

Die Monster sind perfekt in ihrem Fachgebiet. Sie erzählen Geschichten davon, wie die restliche Zeit des Lebens, die folgenden Behandlungen und das zu erwartende Sterben in Einsamkeit, Armut, Schmerzen und in einem Zustand einer fassungslosen Übergeschnapptheit enden wird.

Dieser Horror geschieht besonders dann, wenn eine lebensbedrohliche Diagnose im Raum steht, die droht, den Alltag vollständig auf den Kopf zu stellen. Allein der Verdacht der Lebensbedrohlichkeit kann ausreichen, den Monstern freien Eintritt zu unserem Leben zu gewähren.

Und spätestens, wenn die Begriffe »Palliativ« oder »Hospiz« und auch »Sterbeamme oder Sterbegefährte« auftauchen, bricht alles zusammen, was bisher noch unter der Rubrik »Hoffen und Bangen« ablaufen konnte. Jetzt ist Schluss!

Ach wie gut, dass niemand weiß ... wie ich heiß

Die Monster tragen die Namen Sorge, Furcht, Angst und Panik. Und diese sind das eigentliche Problem in einem Abschiedsprozess. Sie unterbinden jede Hoffnung und fördern jede Not. Diese Monster gilt es zu verwandeln. Es gilt unter anderem, den Mut aufzubringen, sie anzusehen und ihnen die Macht zu nehmen, um wieder handlungsfähig zu werden. Denn auch hier zeigt sich: Wer weiter denken kann, kann auch weiter handeln.

Medikamente, die bei Ängsten verabreicht haben, tragen große Probleme in sich. Sie verhindern jedes weitere Handeln für einen friedlichen Abschied, sie »deckeln« und verdrängen etwas, das sichtbar gemacht werden will und oftmals zeigen sich so genannte »paradoxe« Reaktionen auf die gängigen Präparate, die bestehende Schwierigkeiten nur noch größer machen. Gleichzeitig zeigt sich bei der Einnahme von Medikamenten immer wieder, dass ein Mensch genau an dem Punkt wieder anfangen muss zu arbeiten, an dem er aufgehört hat – sobald die Wirkung der Medikamente nachgelassen hat.

Gibt es da noch etwas?

> Der geistige Horizont ist der Abstand zwischen Brett und Hirn.
> Unbekannt

Angesichts des Abschieds stellen sich die tiefen und grundsätzlichen Fragen danach, woher wir kommen und wohin wir gehen werden. Die Frage beschäftigt diejenigen, die sich in absehbarer Zeit auf den Weg in eine andere Dimension machen müssen. Auch wenn diese oftmals mehr Furcht und Angst vor dem Leiden im Sterbeprozess haben, so steht die grundsätzliche Frage danach im Raum, ob es etwas Unzerstörbares, also eine Seele, in einem Lebewesen gibt oder nicht. Diese Frage kann niemals mit hundertprozentiger Sicherheit beantwortet werden, denn es gibt weder einen Beweis, noch einen Gegenbeweis. Es handelt sich also um Glaubensfragen und Überzeugungen. Es gilt, den Blick über den Horizont zu wagen und sich diesen Fragen zu stellen – unabhängig davon, wie naturwissenschaftlich oder geisteswissenschaftlich ein Mensch ausgerichtet ist. Sollte es eine Seele, wie auch immer sie geartet ist, geben, wäre es möglicherweise fatal, sich nicht auf eine Reise ins Unbekannte vorzubereiten. Diese Fragen und Zweifel sollen in

Freiheit und unabhängig vom jeweiligen Glaubensmodell bewegt werden. Genau hier setzt der Begriff »Spiritualität« – unabhängig vom ethischen Hintergrund – ein. Spiritualität bedeutet hier die Annahme einer geistigen Dimension, die jeder materiellen Erscheinung voransteht. Wer sich von dieser Welt verabschiedet, hat sich quasi ein One-Way-Ticket in eine andere Welt verschafft. Hier gilt es, weiter zu denken.

Der größte Narr

Eines Tages schenkte der König dem Narren einen silbernen Narrenstab mit goldenen Glöckchen daran und sagte: »Du bist gewiss der größte Narr, den es gibt. Solltest du einmal einen treffen, der noch närrischer ist als du, dann gib ihm diesen Stab weiter.«

Jahrelang trug der Narr den Stab - bis zu dem Tag, an dem er erfuhr: »Der König liegt im Sterben.« Da hüpfte er in das Krankenzimmer und sagte: »König, ich höre, du willst eine große Reise antreten.«

»Ich will nicht«, erwiderte der König, »ich muss!«

»Oh, du musst?! Gibt es also doch eine Macht, die noch über den Großen dieser Erde steht. Nun wohl! Aber du wirst sicher bald wieder zurückkommen?«

»Nein!« ächzte der König. »Von dem Land, in das ich reise, kehrt man nicht zurück.«

»Nun, nun«, meinte der Narr begütigend, »gewiss hast du diese Reise seit langem vorbereitet. Ich denke, du hast dafür gesorgt, dass du in dem Land, von dem man nicht zurückkommt, königlich aufgenommen wirst.«

Der König schüttelte den Kopf. »Das habe ich versäumt. Ich hatte nie Zeit, diese Reise vorzubereiten.«

»Oh, dann hast du sicher nicht gewusst, dass du diese Reise einmal antreten musst.«

»Gewusst habe ich es schon. Aber - wie gesagt - keine Zeit, mich um rechte Vorbereitung zu kümmern.«

Da legte der Narr leise seinen Stab auf das Bett des Königs und sagte: »Du hast mir befohlen, diesen Stab weiterzugeben an den, der noch närrischer ist als ich. König! Nimm den Stab! Du hast gewusst, dass du in die Ewigkeit musst und dass man von da nicht zurückkommt. Und doch hast du nicht Sorge getragen, dass dir die ewigen Wohnungen geöffnet werden. König! Du bist der größte Narr!«
Verfasser unbekannt

Sollte nach unserem Tod noch irgendetwas – anstatt nur ein schwarzes Loch – auf uns warten, müsste sich auch unser Umgang mit jedem Abschied verändern. Und unser gesellschaftlicher Umgang mit Sterbenden und mit Verstorbenen müsste sich revolutionieren. Unsere Vorfahren, die noch ein geistiges Weltbild besaßen, hatten einen sehr konkreten, handfesten und ebenso vertrauensvollen wie tatkräftigen Umgang mit dem Tod. Heute ist der Tod und der Abschied vom Leben sowohl anonym als auch grotesk anmutend und unnatürlich geworden.

Metaphern – Bilder und Geschichten

Eine dösende Katze ist das Abbild perfekter Seligkeit.
Jules François Félix Fleury-Husson

Wenn die Seele sich Ausdruck verleihen will, sprechen wir in Bildern. Das tun auch Künstler*innen, Menschen im Fieber, Kranke und Trauernde. Der Umgang mit diesen – oft archetypischen – Bildern will gelernt sein, um den Betroffenen eine Unterstützung in ihrer Not geben zu können. Durch die Arbeit mit Bildern und Geschichten können die Betroffenen selbst ihren Ausweg und ihre eigene Lösung finden. Es gibt viele spezifische Bilder und Geschichten, die Betroffenen Unterstützung geben können (siehe auch: Lebe und lerne sterben, Claudia Cardinal). Es gibt auch sehr viele Filme, Romane, überlieferte Märchen und Geschichten, die einem Menschen in einer Krise wieder den Mut zurückgeben können, ihren Weg weiter zu gehen. Eines ist allen gemein: sie führen zu einem guten Ende.

»You walk me animally on the cookie«
»Du gehst mir tierisch auf den Keks«
In der deutschen Sprache macht der Ausspruch Sinn und alle wissen, was gemeint ist. Ins Englische übersetzt bedeutet es gar nichts.

So ist es für alle viel leichter, zu seufzen und darüber zu klagen, dass vor einem »ein riesiger Berg an Arbeit« warte, als eine ganze Liste konkreter und einzelner Punkte des kommenden Arbeitspensums aufzuzählen, die sich im Übrigen sowieso kaum jemand merken würde. Das ist ein gutes Alltagsbeispiel für einen Ausdruck, ein Bild also, das für alle Menschen leicht verständlich ist. Jede Sprache hat hierbei ihre eigenen Bilder, ihre »Idiome«, die einer ganzen Gemeinschaft kurz und knapp verdeutlichen können, wie der persönliche Zustand des Befindens ist. Es handelt sich hierbei quasi um »Insider«.

Musik, auditives Abbild seelischer Schwingung.
Michael Marie Jung

Menschen in Not finden die Entsprechung ihrer alltäglichen Nöte oft in ihren Träumen wieder – nur, dass hier jedes Alltagserleben in Bilder übersetzt ist. Oftmals stehen wir dann morgens ebenso staunend wie entgeistert vor den Ergebnissen unserer selbstproduzierten, verworrenen Bilderwelt.

Das ist doch nur ein Märchen

Menschen, die sich in ihrem Abschied befinden, befinden sich oftmals mit einem Fuß in unserer ganz normalen Alltagsrealität und mit dem anderen Fuß in einem – für uns schwer nachvollziehbaren – »Irgendwo«. Unterschiedliche Realitäten anzuerkennen ist die Basis dafür, um mit Menschen in diesen Situationen Lösungen finden zu können. Jede Not ist vergleichbar mit einer Handlung in einem Märchen: Oftmals muss die betreffende Person bis ans Ende der Welt laufen, um eine Lösung finden zu können. Und so ist es vergleichbar, wenn Nöte in Bilder umgesetzt werden. Das Ziel ist es, ein gutes Ende zu finden oder zu erschaffen. Insofern wird auch deutlich, dass Märchen niemals für Kinder gedacht waren. Es waren Mut machende Geschichten, die Erwachsenen in ihren Lebensnöten Mut machen wollten, einen Weg – meist mit großer Unterstützung von außen – aus ihrem Dilemma zu finden. Märchen – außer Kunstmärchen – kennzeichnen sich dadurch, dass am Ende »Alles« gut ist. Diesen Weg gilt es zu finden. Und immer muss dieser Weg selbst gefunden werden.

Unser aufgeklärtes Problem der Zeit ist, dass wir bei einem Märchen davon ausgehen, dass es ausgedacht, unwahr, der reinen Fantasie entsprungen und nur Fiktion sei. Je naturwissenschaftlicher eine Gesellschaft ist, desto weniger wird sie spirituelle Gedanken zulassen. Und desto weniger wird sie andere als ihre eigene, (scheinbar) beweisbare Realität zulassen.

Astrologen behaupten, die Welt deuten zu können, aber sie wissen nicht einmal, was morgen sein wird
Heinz Nitschke

Wohlgemerkt, es geht bei der Arbeit mit Bildern und Geschichten nicht darum, diese in ihre Feinheiten aufzulösen und sich anzumaßen, sie haarfein und präzise zu deuten. Das wäre anmaßend und würde – je nach Richtung, ob psychologisch, geisteswissenschaftlich oder politisch – völlig andere Ergebnisse nach sich ziehen. Der Einsatz von Geschichten bedeutet, dass Sterbeammen und Sterbegefährten sich ganz und gar auf eine Realität einlassen müssen, in der sie selbst sich nicht befinden. Doch das ist beim Eintauchen in einen Roman, bei einem abendlichen Krimi im Fernsehen oder im Kino auch nichts anderes. Deutung hat etwas von Sezieren. Wenn seziert wird, ist es unnötig, sich auf den Inhalt im Ganzen einzulassen.

Der Umgang mit Geschichten und Bildern hat den Vorteil, dass dabei die Psychoneuroendoimmunologie involviert ist. Die verschiedenen Systeme greifen ununterbrochen ineinander. Das ist vergleichbar unserer Welt im Traum: Habe ich ein wunderschönes Erlebnis in meinem alltäglichen Leben, wird die Übersetzung auch im Traum, dieser anderen, unbegreiflichen Ebene, eine schöne Sequenz ergeben – und anders herum. Verschiedene Realitäten entsprechen sich und wirken aufeinander. Diese Zusammenhänge sind heute bekannt.

Die Psychneuroendoimmunologie

Es handelt sich um die Erforschung des Zusammenspiels und die Zusammenhänge verschiedener Systeme des Körpers und wie sie auf Erlebnisse in Verhalten und Empfinden reagieren. Diese Systeme können nicht isoliert betrachtet werden. Sie greifen ununterbrochen ineinander. Ist ein System von einem Ereignis betroffen, hat dies unweigerlich Auswirkungen auf alle anderen. Hier überschneiden sich verschiedene Wissensgebiete:

- Das Fachgebiet der Psychologie erforscht die Psyche
- Das Fachgebiet der Neurologie erforscht das Nervensystem
- Das Fachgebiet der Endokrinologie erforscht das Hormonsystem
- Das Fachgebiet der Immunologie erforscht das körperliche Immun(Abwehr-)system

Die Lebensamme/der Lebensbegleiter

Der Begriff »Sterbeamme« lässt einige Menschen zurückschrecken. Gleichzeitig muss jede Sterbeamme und jeder Sterbegefährte auch Lebensamme respektive Lebensbegleiter sein. Sonst wäre eine unterstützende Arbeit mit Menschen in Krisen nicht machbar. Wenn aus einer Lebenszeit etwas Bedeutendes werden soll, braucht es Mut und Ideen. Es braucht dazu die Unbeirrtheit, Menschen, die an den Grenzen ihres Denkens und ihres Lebens angekommen sind, davon zu begeistern, den Blick hinter jeden Horizont zu wagen.

Das kann bei einem sterbenden Menschen sein, den letzten Atemzug nicht mehr als Grenze zu betrachten und das kann bei einem trauernden Menschen bedeuten, dass er sich – trotz seiner Trauer – wieder dem Leben zuwendet und gleichzeitig an eine Verbindung zu seinen Verstorbenen glaubt und diese Verbindung pflegt.

Es hat noch nie funktioniert, ohne Schnupfen jemand anderes mit Schnupfen zu infizieren

Wer andere mit (Lebens-)Mut anstecken möchte, braucht selbst sehr viel davon. Vieles davon hat mit Begeisterung zu tun. Auch dies ist ein wesentlicher Ansatz in der Arbeit als Sterbeamme beziehungsweise als Sterbegefährte.

Ein Abschied in Frieden

Der Tod kann ein großer Heiler sein. Und ein Abschied in (größtmöglichem) Frieden kann für alle Beteiligten ein so großes Ereignis sein, dass sogar ein Einverständnis mit dem Unaussprechlichen da sein kann. Das ist angesichts der

Endgültigkeit, die der Abschied vom Leben nun einmal mit sich bringt, etwas sehr, sehr Bedeutendes.

Das Brot = Hilfe
Getreide anbauen = Selbsthilfe
Werbung der Organisation Brot für die Welt

Grundsätzlich unterstützen Sterbeammen und Sterbegefährten die betroffenen Ratsuchenden darin, selbst tätig zu werden, damit ihre Probleme aufgelöst und verwandelt werden können. Sie unterstützen Betroffene und ihr Umfeld darin, das Denken auf den Kopf zu stellen und Ideen zu entwickeln, sowohl heilsame Abschiede als auch eine ungewisse Zukunft anzustreben und anzugehen. Wer immer in eine neue Zukunft aufbricht – seien es Sterbende oder Trauernde – braucht so oder so das Rüstzeug von Held*innen. Auch dies geschieht entsprechend der Annahme, dass diejenigen, die weiterdenken können, auch weiterhandeln können.

Durch diese Unterstützung in der Begleitung von Ratsuchenden kann jede Form von Abhängigkeit verhindert werden.

»Ich bin in einer palliativen Begleitbehandlung. Und immer, wenn ich nicht weiter weiß, dann frage ich meine Sterbeamme. Und nach dem Gespräch habe ich eine Idee und ich weiß, wie ich weitergehen kann.«
S., an Krebs erkrankt.

Sterbeammen und Sterbegefährten unterstützen den größtmöglichen Frieden für alle Beteiligten. Und dies ohne die eigenen Vorstellungen bei anderen vorauszusetzen. Auch dies will gelernt sein.

Ein Abschied in Frieden ist ein gestalteter Frieden, zu dem alle Beteiligten ihren Teil beitragen müssen. Und dann kann aus einer vielleicht sogar verlängerten Lebenszeit tatsächlich eine große, eine großartige Zeit werden, die alle – auch im Nachhinein – gern betrachten und erinnern. Es ist sehr gut zu wissen, dass eine Zeit genutzt und gestaltet wurde. Dann ist ein Abschied in Frieden möglich.

Weitere Informationen erhalten Sie unter
www.sterbeamme.eu

Wie wird ein Mensch Sterbeamme/Sterbegefährte?

Die Fortbildung zur Sterbeamme respektive zum Sterbegefährten findet an acht verschiedenen Orten in Deutschland statt. Voraussetzungen dazu sind, den Mut zu haben, alle Fragen und Gedanken zuzulassen, die anderen Menschen gedankliche Grenzen setzen.

Wenn Sterbeammen beziehungsweise Sterbegefährten angestellt werden, tragen die Träger die Bezahlung. Ansonsten werden die Dienste von Sterbeammen und Sterbegefährten privat bezahlt – wie bei der Inanspruchnahme eines Anwaltes. Und das hat durchaus seinen Sinn, denn diejenigen, die bereit sind, die Unterstützung zu honorieren, sind auch viel eher dazu bereit, selbst etwas zu tun. Darüber hinaus würden Vorgaben durch Krankenkassen ähnliche Probleme mit sich bringen, wie sie es bei jeder Form von Gebührenabrechnungen tun. Das Honorar richtet sich nach einem ortsüblichen Handwerkerhonorar.

# Teil II
Leben wäre eine prima Alternative

Kapitel 1
Abschied oder nicht?

Damals als die Seele noch unsterblich war.
Georg Christoph Lichtenberg

In Kulturen, in denen von einer Seele ausgegangen wird, ist der materielle Körper, unsere Behausung, eine angemietete Wohnung, die wir eines Tages wieder verlassen werden. Das kann einen Lebenssinn beschreiben. Denn nur eine Seele, die sich einen Körper mietet, kann auf der Erde (und eingezogen in die Materie) das greifbar und messbar machen, was an Ideen und ihren Umsetzungen überhaupt möglich ist.

Frei

I am free
Yes I am free
And freedom tastes of reality

Ich bin frei
Ich bin frei
Und Freiheit schmeckt nach Wirklichkeit
The Who

Insofern sind wir Menschen ganz und gar frei darin, was wir in und mit der Materie gestalten wollen. Die einen kommen auf den Gedanken, Brillen mit Fensterglas herzustellen und diese mit Gewinn zu verkaufen, andere machen sich Gedanken darüber, wie ein fließender Autoverkehr zu bewerkstelligen wäre oder Städte autofrei werden könnten. Die einen tüfteln aus, welche Nougatcreme oder welcher Kuchen der Beste sein könnte und andere planen und setzen um, welches die beste Foltermethode sein könnte oder wie der Absatz von Waffengeschäften gesteigert werden könnte. Jeder Plan ist möglich – egal, welche Konsequenzen dabei herauskommen. Keine Gesetzgebung der Welt hat dieser Freiheit Einhalt gebieten können.

»Fritzl ist überall«
Grafitto an einer Hauswand in Wien

Konsequenzen

Auch die Konsequenzen für das, was wir uns in unserer Freiheit ausgedacht haben, sehen unterschiedlich aus, je nachdem, ob von einem lebendigen Geist ausgegangen wird oder ausschließlich von einem lebendigen Körper, der mitsamt seinem Leben nach dem letzten Atemzug in sich zusammenfällt und in einem großen Nichts landet. Im letzteren Fall kann davon ausgegangen werden, dass die Konsequenzen maximal für diejenigen relevant sind, die als Nachkommen und in ihrer Erinnerung entweder angetan oder erschüttert sind von dem, was vor ihnen war. Das aber ist für den verstorbenen Menschen mittlerweile vollkommen unbedeutend, denn dieser zerfällt ausschließlich in seine Moleküle.

Das Ganze sieht anders aus, wenn – wie in allen Religionen angenommen – eine unsterbliche Seele für eine gewisse Zeit auf der Erde zu Besuch ist. Dann könnte das, was in der Freiheit gestaltet wurde, ganz andere Konsequenzen nach sich ziehen. Christen haben dafür ein Fegefeuer und letztlich die Hölle, Juden, Christen und der Islam teilen sich die Vorstellung vom jüngsten Gericht, der Hinduismus und der Buddhismus sehen als Konsequenz aus dem gelebten Leben Wiedergeburten in verschiedenen Abstufungen und möglicherweise auch Strafen vor. Das alte Ägypten hatte ein Strafgericht und die Germanen sahen die schlechten Seelen nach ihrem Tod auf brennendem Wasser von Schwertern aufgespießt.

Moderne Zeiten in westlichen Ländern – die Vermessung der Welt

Spirituelles Gedankengut zu pflegen und sein Leben danach auszurichten gehört nicht mehr zum guten Ton. Wer sich diesen Fragen widmet, ist entweder Kirchenvertreter oder »esoterisch«. Die Kirchen sind entseelt und unser Alltag ist es auch. Ein sonntäglicher Kirchgang hat noch rein gar nichts mit Spiritualität zu tun. Weder in Schulen, noch Universitäten wird von einem beseelenden Geist gesprochen. Das Resultat ist dann – über jede humanistisch-ethische Haltung hinaus – eine Menschheit, die gewogen und gemessen werden kann. Weitere Fragen stellen sich nicht. Kein Wunder also, dass wir uns um anderes, als Materie keine Gedanken machen.

Und so verbringen wir den Tag, warten auf das erlösende Wochenende und die schönste Zeit des Jahres, in der wir in Hängematten Paradies spielen, bis »etwas« unsere eingelullte Annahme der Unsterblichkeit stoppt.

Das kann passieren, wenn ein Tod in der Umgebung uns unmissverständlich klar macht, dass der Tod keine Fiktion, sondern sehr real ist. Das kann auch geschehen, wenn ein Mensch, allein dadurch, dass wir älter werden, langsam und stetig begreift, dass die tiefer werdenden Falten im Gesicht oder der Rückgang der Muskelkraft, Boten sind. Sie sind Boten dafür, dass wir uns auf einem Weg befinden, der irgendwann einmal sein Ziel erreicht haben wird. Und es kann auch geschehen, dass eine Krankheit, die nicht mehr kurativ behandelt werden kann, unser Weltbild bis ins tiefste Mark erschüttern kann. Alle diese Krankheiten gelten als Krankheiten, die palliativ versorgt werden. In diesem Fall kann jeder Glauben an Wissenschaft und Unsterblichkeit sehr schmerzhaft zusammenkrachen.

Ich glaube an gar nichts mehr

Genau dann, wenn eine solche Sackgasse im Leben aufgetaucht ist, tauchen Fragen auf, die weder in der Medizin – noch in der Wissenschaft allgemein – irgendeinen Platz haben. Deshalb gibt es auch keine Antworten. Und die Psychologie – von der transpersonalen vielleicht abgesehen – die sich als Wissenschaft begreifen will und dort ihren Platz eingenommen hat, beschäftigt sich ebenfalls nicht mit diesen Fragen.

> »Die Pflege von meinem Mann, das war kein Problem.
> Die Fragen hinter allem, die waren das Problem.«
> B., Pflegedienstleiterin nach dem Tod ihres Mannes

Wer viel Zeit hat, kommt auf immer dümmere Gedanken

Ein kranker Mensch – egal, wie sich die Krankheit auch nennen mag – funktioniert nicht mehr nach den allgemeinen Regeln. Meist ziehen sich die Betroffenen ganz einfach auch deshalb ein wenig aus dem Alltagstrubel heraus. Sie kommen erst einmal zu sich selbst.

Und es dauert nicht lange, bis Gedanken und Fragen, Grübeleien, Rückblicke und Erinnerungen ihren Platz beanspruchen und einnehmen. Und das, was diese den Betroffenen und ihrer Umgebung ab diesem Moment erzählen, sind keineswegs beschwingte oder freudige Zukunftsvisionen, sondern eher düstere. Das sind die Monster.

Je länger die Zeit dauert, desto mehr setzt Grübeln ein. Und Grübeln dreht sich im Kreis. Das ist der Unterschied zum Nachdenken.

Fragen? Welche Fragen?

Menschen in solchen Grenzsituationen bewegen viele Fragen, die gemeinhin als »letzte Fragen« bezeichnet werden. Im Prinzip sind diese Fragen ganz einfach, sie sind ehrlich und grundlegend und auf seltsame Weise in der Öffentlichkeit verpönt.

Diese Fragen tauchen bei etlichen Betroffenen auf. Je nach Situation steht dabei die eine oder die andere Frage im Vordergrund. Diese Fragen brennen auch bei denjenigen, die sich im Umfeld derjenigen befinden, die an einer Krankheit erkrankt sind, die palliativ behandelt wird.

Bilanzierung und Rückschau

- Welche Enttäuschungen habe ich eingefangen?
- Welche Enttäuschungen habe ich ausgeteilt?
  - Gibt es Konsequenzen?
  - Bin ich ein/e Versager*in?
- Bin ich einverstanden mit meinem Leben?
- Was habe ich falsch gemacht?
- Bin ich einverstanden mit meinem Abschied?
- Sterbe ich? Oder doch nicht?
- Hätte ich mehr oder weniger …
  - arbeiten sollen?
  - Freunden begegnen sollen?
  - glücklicher sein sollen?
  - meine Gefühle ausdrücken sollen?
  - mein Leben leben sollen?

(siehe auch Bronnie Ware: 5 Dinge, die Sterbende am meisten bereuen)

Ich will meine Lieben groß werden, aufwachsen, leben sehen und sie anfassen können. Ich bin jetzt schon sehnsüchtig nach ihnen.

Und wenn ich nicht mehr rauchen oder lieben oder kochen oder hämmern kann?

Wie werde ich sterben?

Was ist, wenn meine Lieben ohne mich nicht klar kommen?

Was ist mit meinem Körper und meinem Leben los? Alles ist so anders.

Warum ich?

Wohin komme ich?

Kommt Danach etwas?

Und was kommt Danach?

Ich weiß es besser

**Besserwisser wollen nicht alles besser wissen,
sie wissen es schon.**
Manfred Hinrich

Doch leider werden diese Fragen selten offen gestellt. Die Antworten darauf werden eher gegeben. Denn wenn irgendetwas passiert ist, sind wir alle sehr, sehr schnell dabei, die richtige Antwort parat zu haben. Wenn etwa eine Krise im Raum steht, »muss es ja einen kausalen Zusammenhang geben« – auch wenn dieser meist sehr einfach und flach als Zusammenhang verknüpft wird. De einfache Erklärung wird ebenfalls vertreten.

Den Betroffenen kann es leicht passieren, dass ihre ganze Umwelt genau weiß, was sie selbst falsch gemacht und falsch gedacht haben und es immer noch tun. Die Welt ist tatsächlich voll mit guten Ratschlägen!

> Experte: einer, der mehr und mehr über weniger und weniger weiß.
> Samuel Butler der Ältere

Nur die, die sich in der besonderen Lebenssituation befinden, wie sie eine Krankheit mit sich bringt, die nicht mehr kurativ behandelt werden kann, sind Expert*innen für ihre Situation. Ihnen kann in der Begleitung Unterstützung darin zuteilwerden, einen geeigneten Weg zu finden, mit dem sie einverstanden sein können. Sie können auch darin unterstützt werden, Gedanken wieder eine Richtung finden zu lassen und ihnen kann auch damit gedient sein, wenn sie die eigene Verantwortung für ihr Leben – oder ihr Sterben – übernehmen und ihren Lebensweg selbst gestalten, anstatt ihn gestalten und verwalten zu lassen.

Mein Gegenüber ist Expert*in für die eigene Weltsicht, für Empfindungen, für Sichtweisen, für Vorlieben und Abneigungen und für das eigene Maß an Hoffnung und Schmerz – und das völlig unabhängig davon, was ich selbst denke oder fühle. Insofern ist es ratsam, das Fragen wieder zu lernen.

Lebensdauer oder Lebensqualität?

Das Ziel und die Hoffnung aller Menschen, die im palliativen Bereich arbeiten, ist es, die Lebensqualität der betroffenen Kranken und ihrer Umgebung zu stärken. Das geschieht auf vielfältige Weise und je nach Schwerpunkt des jeweiligen Fachbereichs.

Sterbeammen und Sterbegefährten streben an, dass die Lebensqualität eines Menschen sich nicht nur auf körperliche Machbarkeit begrenzt, sondern dass die Betroffenen in Frieden mit ihrem Leben und vielleicht auch ihrem Sterben und dem dazugehörigen Abschied klarkommen. Das ist eine Möglichkeit, damit ein Abschied im größtmöglichen Frieden für alle Betroffenen nicht nur Utopie bleibt. Dazu gehört, Unaussprechliches auszusprechen und dazu gehört auch, Denken und Grübeln, das in einer Sackgasse gelandet ist, zu einem Nach-Denken zu verwandeln. Wer weiter Denken kann, kann auch weiter handeln.

Jede Unternehmung – egal wohin – kann schön sein, wenn Vertrautheit, Wärme und Offenheit dabei sind. Und jeder noch so teure Opernbesuch wird flach und unangenehm, wenn bei ihm Floskeln, Smalltalk, Misstrauen oder Sprachlosigkeit vorherrschen. Das gilt unabhängig davon, wie gut gemeint die Absicht war. Es ist nicht die gelebte Zeit, es ist die gestaltete und genutzte Lebenszeit, die entscheidend für ein Resümee sein wird.

Willkommenskultur und Abschiedskultur

In Willkommenhöft in Wedel an der Elbe, wird jedes einfahrende und jedes ausfahrende Schiff über 1000 Grosstonns mit der Landeshymne begrüßt bzw. verabschiedet, unter welcher Landesflagge das Schiff fährt. Zusätzlich werden auch die Flaggen des Landes, aus dem das Schiff stammt, an einer Leine hoch- und heruntergezogen – gedippt. Kleinere Schiffe werden nur durch »dippen« der Flagge begrüßt und verabschiedet. Die Schiffe antworten entsprechend mit dem Dippen der Flaggen. Der begleitende Begrüßungs- und Verabschiedungstext wird in der Landessprache über Lautsprecher kundgetan.

Das erste Mal geschah dies im Jahre 1952. Am 12. Juni 1952 wurde das erste Schiff auf diese Weise begrüßt. Und es heißt, der Kapitän des damaligen Schiffes Agaki Maru aus Japan, der so etwas noch nie erlebt habe, sei nach seiner Ankunft in Hamburg extra mit einem Taxi nach Wedel gefahren, um sich für diesen schönen Brauch zu bedanken.

Vieles ist über Willkommenskultur geschrieben und gesprochen worden. Die Abschiede – und seien sie auch noch so unkonkret – sind es, die bei allen Beteiligten Schmerzen und Bitterkeit hinterlassen. Gemeinsamkeiten und Abschiede möchten gestaltet werden, damit gute Erinnerungen bleiben können und die Menschen ein warm-wohliges Gefühl begleitet, anstatt Vorwürfe und Missbehagen, die ihnen die Trauer erschweren.

Viele Menschen haben zusätzlich zu ihrer Trauer das Gefühl, dass sie es sich gemeinsam zu Lebenszeiten viel schöner hätten machen können. Diese notwendige Gestaltung betrifft sowohl die gemeinsame Lebens- und Abschiedszeit als auch den Abschied selbst. Dann erst kann aus einer Zeit des Lebens, selbst wenn sie den Abschied beinhaltet, eine wahrlich große Zeit, eine »hohe« Zeit werden. Das ist die schönste Lebensqualität, die möglich ist. Und dies zu schaffen, erfordert, das Unaussprechliche in Worte zu fassen und in Taten sprechen lassen zu können.

Einverstanden sein zu können, mit dem, was geschah, ist ein großer und wichtiger Baustein für jedes Leben.

Nein, nicht mehr kurativ, sondern palliativ

Spätestens dann, wenn der Glaube an die Machbarkeit einer Heilung zerplatzt ist, steht es an, sich anderem zuzuwenden. Denn wir wissen nicht, was weiter geschehen wird. Und alles, was besonders in Krisen, geschieht, ist nicht mehr von unserer menschlichen Macht abhängig.

Es sind die anderen Regisseure, die die Macht über das Leben und den Tod haben, egal, wie wir die Instanzen benennen (siehe auch Teil 1, Kapitel 1).

Was denn nun? Ein Scheideweg

Es ist also ratsam, für zwei Wege offen zu sein und sich auch entsprechend darauf vorzubereiten.

- Es kann sein, dass das Leben weiter geht.
- Es kann auch sein, dass der Abschied vom Leben und allem bisher Gewohnten wartet.

Und hier heißt es, beide Möglichkeiten zu nutzen, beide im Blick zu haben und – am besten – mit beiden Möglichkeiten in Einklang zu sein.

Wohlgemerkt: wenn etwas anderes Regie führt, ist unsere eigene Macht am Ende. Und diesen Instanzen befehlen zu wollen, ihnen Vorschreibungen zu machen oder sich an nur eine Möglichkeit zu klammern, bedeutet nichts anderes, als dass wir selbst die Macht zurück haben wollen. Das sind die Unterschiede zwischen

- Wünschen
- Bitten und Beten
- Betteln
- Fordern
- Befehlen

Regisseure über Leben und Sterben sind frei. Und Freiheit verträgt sich sehr schlecht mit Betteln, Fordern oder sogar Befehlen.

> **Hingabe ist die Gabe, die du mit leeren Händen und mit vollem Herzen gibst.**
> Priska Portmann

Es erfordert echte menschliche Stärke und beträchtlichste Demut, sich vor den namenlosen Größen zu verneigen und die eigene Begrenztheit anzunehmen. Wir alle können alles und wissen alles und wir finden für jede Lebenslage Expert*innen, die jedes noch so komplizierte Problem lösen können. Und dann, wenn sich der Scheideweg vor uns zeigt, finden wir uns in der Situation eines Kindes wieder, dem ein konsequentes NEIN vorgesetzt wird. Das Geschrei und das Jammern sind ähnlich fassungslos.

Kapitel 2
Leben!

Leben wär eine prima Alternative
Buchtitel, Maxie Wander

Palliativ behandelt zu werden bedeutet keineswegs, sich nur und ausschließlich auf einen Abschied vom Leben vorzubereiten. Diese Situation heißt, dass beide Möglichkeiten offen sind. Und so lange ein Mensch atmet, lebt dieser Mensch auch. Und dieses Leben gilt es auch zu nutzen.

Der Weg bis zu einer palliativen Behandlung ist oftmals sehr lang. Es können manchmal Monate oder Jahre vergehen, bis keine Hoffnung auf Heilung mehr besteht. Und in diesen Zeiten zwischen Hoffen und Bangen liegen Traurigkeit, die Erkenntnis der Unausweichlichkeit und die vage Hoffnung auf Weiterleben. Jede neue Nachuntersuchung, jeder Arztbesuch und seine folgenden Ergebnisse gleichen einer Gerichtsverhandlung, die jederzeit – völlig willkürlich – Todesurteile vergeben kann. Das ist für alle Beteiligten sehr anstrengend und sie sind permanent einem Wechselbad der Gefühle ausgesetzt. Es ist jetzt leicht, ohnmächtig zu resignieren.

Und dennoch kann die Zeit für Leben genutzt werden. Vielleicht kommt dabei eine Intensität heraus, die niemals zuvor da war. Vielleicht kommt das Wesentliche, das wir so ungern benennen wollen, zutage und verschafft Nähe zueinander, die zuvor niemals da war.

> »Wann fängt das Sterben eigentlich an?« –
> »Immer mit dem allerersten Atemzug!«

Hinter der Tatsache, dass alles, was lebt, eines Tages auch sterben wird, steht schlichtweg die logische Schlussfolgerung, dass alles, was lebt, letztlich sowieso austherapiert ist. Jede angesetzte Behandlung, die jemals im Leben stattgefunden hat, hat die Lebensqualität von uns allen verbessert, damit wir wieder nach Hause gehen und weiterleben konnten. In dieser erweiterten Sichtweise gäbe es in jedem gelebten Leben im Grunde ausschließlich palliative Behandlungen.

> »Letzte Wünsche? Ich wünschte,
> es wären die ersten Wünsche!«
> Am ersten Tag im Hospiz

In den Zeiten zwischen auftretenden Krankheiten, wenn wir uns in jenem Zustand des Funktionierens und der Schmerzlosigkeit befinden, vergessen wir diese Tatsachen und werden erst wieder an unsere Fragilität erinnert, wenn die nächste Krankheit sich nähert.

Wir spüren Schmerzlosigkeit ganz einfach nicht. Das sind die Momente, in denen wir uns in Sicherheit wiegen und weiterhin vor uns hin leben und so tun können, als seien wir unsterblich. Dieser ersehnte »Normalzustand«, in dem alles – ebenso reibungslos wie endlos – funktioniert, wird durchscheinend, wenn wir schwarz auf weiß sehen, dass eine Krankheit, die sich in uns manifestiert hat, nicht mehr oder noch nicht geheilt werden kann.

Nichts wird wieder, wie es einmal war

Ob die Hoffnung doch zuerst stirbt, anstatt zuletzt? Spätestens dann, wenn eine Behandlung nur noch palliativ ausgerichtet ist, sieht jede Zukunft trübe aus. Es dauert unter Umständen, bis der erste Schock überwunden ist und sich das Begreifen ausbreitet. Betroffene und ihre Umgebung sind von unsicheren Zukunftsvarianten umgeben. Traurigkeit, Wehmut und Trübsinn ziehen sehr häufig in den Alltag ein. Doch dadurch wird die Lebenszeit auf Dauer in ihrer ganzen Qualität gedämpft. Es sind eben nicht nur körperliche, sondern auch sehr düstere seelische Schmerzen, die Menschen haben, wenn sie palliativ behandelt werden.

Traurigkeit ist eine der Begleitungen in diesen Zeiten. Doch Traurigkeit und Resignation sind zwei sehr unterschiedliche Zustände. Die Resignation ist handlungsunfähig geworden. Vielleicht ist die Traurigkeit in Tränen aufgelöst, doch angefüllt mit tiefer Dankbarkeit oder Wut, mit Liebe oder Trotz. Eine große Palette an Möglichkeiten steht im Raum. In welcher Weise reagiert wird ist ganz und gar von den Betroffenen und ihrem eigenen Leben und ihren eigenen Sichtweisen abhängig. Menschen in diesen Situationen zu begleiten heißt auch, alles zu unterstützen, was die Betroffenen wieder handlungsfähig machen kann. Und handlungsfähig zu sein, bedeutet, eine Grenze des Denkens überschreiten zu können.

Niemand nimmt den Betroffenen diesen seelischen Schmerz ab. Sie jedoch in diesem Schmerz allein zu lassen, ist roh. Zuhören und Dasein sind die Basis für diese Begleitung. Jedoch benötigt es viele Ideen und Werkzeuge, um den Betroffenen den Mut zu vermitteln, dass sie selbst etwas für ihre eigene Zukunft tun können. Das braucht die Beherztheit, Unaussprechliches auszusprechen, zuhören zu können und Ideen über gedankliche Grenzen hinaus zu entwickeln.

Der Zauber des Normalen

Ab jetzt jedoch, wenn eine palliative Behandlung beginnt, ist alles anders und ab jetzt ist das, was so wunderbar normal war, gänzlich unnormal geworden. Der aufgehende Tag trägt manchmal auf einmal nicht den Wunsch nach Ausschlafen und »ich hasse Montage« in sich, sondern weckt ganz plötzlich den schimmernden Zauber wieder auf und die Sehnsucht nach Normalität. Es ist die Sehnsucht danach, einem Hund ins nasse Fell zu greifen und die Gnade, den Morgentau auf dem Rasen unter den Füßen spüren zu können oder mit beiden Händen in der Erde zu wühlen. Das alles ist jetzt nicht mehr normal, sondern ein Geschenk.

Das – bislang – Normale kann eine sehnsüchtige Welle an Wehmut hervorrufen. Diese Welle geschieht im Bewusstsein, dass wir das Leben mit seinem ganzen Reichtum jetzt noch in den Händen haben, doch es ist klar, dass wir alles eines Tages restlos verlieren werden. Es ist glasklar geworden, dass wir uns alles, was es um uns herum gibt, nur ausgeliehen haben.

Viele Menschen, die in der Situation sind, eine nicht-heilbare Krankheitsdiagnose zu tragen, spüren die tiefe Dankbarkeit wieder in sich, das Leben mit allen Facetten leben zu dürfen und hoffen darauf, dass dieser Zustand bitte lange andauern möge.

> **»Diese Jacke in dem Schaufenster ist aber schön! Aber was soll ich damit? Wer weiß, wie lange ich noch habe?«**
> B., eine Patientin in palliativer Behandlung. Kaum hatte sie den Gedanken gedacht, als sie heftig erschrak. Sie betrat den Laden und kaufte sich zwei Exemplare von den schönen Jacken.

Resignation ist Leidenschaft a.D.
Unbekannt

Gibt es ein Leben vor dem Tod?
Los geht´s!

Jetzt steht die Frage im Raum, was wir für ein gutes Leben tun können. Das Leben möchte gestaltet werden, nicht nur verwaltet.

Das Wunder

> Die statistische Wahrscheinlichkeit, dass du geboren wirst, liegt nach Dr. Ali Binazir bei 1 zu 102.685.000. Das ist eine 10 mit 2.685.000 Nullen dahinter. Dass ein Mensch geboren wird, kann also, je nach Sichtweise, reiner Zufall oder ein wahres Wunder sein. Die berechnete Wahrscheinlichkeit ist laut Dr. Ali Binazir die gleiche wie die, dass «2 Millionen Menschen an einem Tisch sitzen und Würfel mit einer Billion Seiten werfen, und dabei alle die gleiche Zahl erwürfeln.»

Wunderbar Wunderbar
Diese Nacht so sternenklar
Und wir zwei sind ein Paar
Du bist mein wie wunderbar
Wunderbar Wunderbar
Cole Porter

Wenn jeder Mensch ein Wunder ist und sich selbst als ein solches begreifen kann, ist jede Sekunde unseres Lebens kostbar. Das zu begreifen könnte bedeuten, dass wir in uns selbst und mit uns selbst die große Liebe unseres Lebens gefunden haben. Das ist wunderbar. Und für diesen einzigartigen Menschen soll das Beste, was das Leben bieten kann – im Rahmen der eigenen persönlichen Möglichkeiten – gerade gut genug sein. Dann kann aus einem gelebten Leben und seiner vorhandenen Zeit, ein großes und ein gutes

Leben werden, bis der Tod das Dasein in einem materiellen Körper beendet.

Es gibt viele Möglichkeiten, dies zu lernen und zu üben. Bis am Ende ein »Einverstanden« mit dem gelebten Leben und seinen genutzten Möglichkeiten, wie nach einem rauschenden Fest, das Lebensfazit ergibt.

Lebensgeister

Wecken Sie Ihre Lebensgeister:

Leben hat sehr wesentlich mit Begeisterung zu tun. Und wenn die Begeisterung schwindet, schwinden auch die Lebensgeister, die sich – ebenso müde und lustlos, wie der betreffende Mensch – immer mehr in die eigene Höhle verkriechen und sich immer weniger an dem beteiligen, was andere, »normale« Menschen als »lebenswert« bezeichnen. Nein, die Betreffenden wollen irgendwann einmal gar nicht mehr den öffentlichen Tanz, der allgemein als erstrebenswert gilt, mitmachen.

Dann fällt häufig der Satz: »Ich habe keine Lust mehr...«

Schwindende Kräfte

Fatigue, diese quälende und mühsame Schwäche, ist eine gefürchtete Nebenwirkung von Krebsbehandlungen, die durch Medikamente und durch alleinige Motivation von außen (extrinsisch) kaum in den Griff zu bekommen ist. Bestehendes Leben braucht in seinem Streben nun einmal die Mischung aus Begeisterung, Lebenswillen und Neugierde. Leben wird nicht aus Pflicht gelebt, ganz besonders dann nicht, wenn eine lebensbedrohliche Krankheit die Chance auf den konkreten Tod erhöht.

Jede Lebenslust, jede Begeisterung ist nur durch die Erweckung einer tief im Menschen wohnenden Kraft (intrinsisch) möglich. Und diese Kraft kann durchaus durch die betreffenden Menschen selbst (und durch Locken aus der Außenwelt) geweckt werden. Und nein, es gibt keine Garantie dafür, dass dieses immer erreicht werden kann. Doch eine Garantie für Gelingen gibt es auch weder bei einer der gängigen noch bei einer alternativ angebotenen Möglichkeit.

1. Tag

Zu Beginn eine kleine Einführungsgeschichte:

».... Schließen Sie die Augen und hören Sie einmal zu. Ich erzähle Ihnen eine kleine Geschichte.

Stellen Sie sich einmal vor, Sie stehen irgendwo in einer Landschaft, mitten auf einem Weg. Sie sehen die Landschaft, Sie sehen, ob und was dort wächst. Sie wissen die Jahreszeit und Sie wissen auch die Tageszeit.

Bleiben Sie einen Moment auf diesem Weg stehen. Sie orientieren sich. Und Sie wissen genau, in welche Richtung Sie sich wenden müssen, damit Sie Ihren Lebensgeistern begegnen können und damit Sie sie treffen können. Wo mögen die Lebensgeister sein? Sie können Sie rufen und Sie können auch Ihren Schritt beschleunigen.

Wo sind Ihre Lebensgeister? Und wie Sie ihnen jetzt näher kommen, so wissen Sie auch, wie sie aussehen. Beschreiben Sie sie. Wie groß sind sie? Welche Farbe haben sie? Sind sie aufrecht und stark oder eher gebückt und schwach?

Finden Sie die Qualitäten heraus, die Ihre Lebensgeister haben:

Gebückt	Aufrecht
Stark	Schwach
Hell	Dunkel
Groß	Klein
Einfarbig	Bunt
Durchscheinend	Kompakt
Ordentlich	Chaotisch
Glatt	Rau
Kalt	Warm
(usw. Finden Sie viele neue Qualitäten)	

Und wie geht es Ihren Lebensgeistern? Brauchen sie etwas? Dann geben Sie es ihnen. Sie wissen genau: Ihre Lebensgeister sind verantwortlich für Sie. Und Sie sind verantwortlich für Ihre Lebensgeister. Es ist nur gut, wenn es Ihnen beiden gut geht ...«

Vorgehen

Nachdem Sie diese Geschichte gehört haben, können Sie Ihren Lebensgeist beschreiben und Sie haben Ihre Lebensgeister ein wenig besser kennen gelernt.

Schreiben Sie sich auf, was Sie gesehen haben. Haben Sie Mut und malen Sie einen Vertreter Ihres Lebensgeistes. Es geht nicht darum, ob es schön ist, was Sie malen. Es geht darum, dass Sie sich etwas vorstellen und ansehen können, was vorher diffus und Ihnen unbekannt war.

2. Tag

Schließen Sie für einen Moment die Augen und erinnern Sie sich an das, was Sie kennen gelernt haben. Wie mag heute ein Lebensgeist von Ihnen aussehen? Was hat sich verändert im Vergleich zu gestern? Was können Sie dazu tun, dass es Ihrem Lebensgeist / Ihren Lebensgeistern besser geht. Es kann sich um Essen oder Trinken handeln, es kann sich um Ruhe handeln und es kann auch sein, dass Musik dazu beitragen kann, damit diese sich besser fühlen.

Auch dies notieren Sie oder lassen es notieren und malen.

3. Tag bis 30. Tag

Auch am 3. Tag und jeden weiteren Tag lassen Sie sich auf die Geschichte ein und finden heraus, wie es Ihrem Lebensgeist / Ihren Lebensgeistern geht und was Sie tun können, damit es ihm / ihnen besser geht.

Notieren und dokumentieren sie das täglich.

Sie werden nach einigen wenigen Tagen feststellen, dass Sie die Lebensgeister ebenso gut kennen lernen, wie Sie auch immer besser herausfinden werden, was diese beziehungsweise Sie selbst brauchen. Es wird Ihnen immer schneller gelingen, einen Kontakt zu den Lebensgeistern, wie auch zu sich selbst zu finden.

Und seien Sie sicher: wenn es Ihren Lebensgeistern besser geht, geht es auch Ihnen besser – und umgekehrt. Das Gleiche gilt für Ihre Umgebung und Sie selbst.

Diese Lebensgeister stammen von Sabine Dinkel:

Zwei Beispiele für Lebensgeister, die Sabine Dinkel zur Verfügung gestellt hat – Danke!

Wenn's dir nicht gefällt – mach neu!
Ein Abenteuer Leben

Je jünger ein Mensch ist, umso mehr Neues kann jeden Tag entdeckt werden. Je älter ein Mensch wird, desto eingefahrener und geübter ist der Alltag letztlich geworden. Das ist ganz normal. Um aus einem Leben, egal, wie lange es dauern mag, etwas Besonderes schaffen zu können, gehört immer eine mehr oder weniger unbekannte Dimension mit Überraschungen dazu. Das ist wie in einem Urlaub in fremder Umgebung, an dem immer der erste Tag auch der längste Tag ist. Das hängt ganz einfach damit zusammen, dass alles in der Umgebung neu ist und wir uns in jedem Moment neu orientieren müssen. Wir müssen also sehr wach sein, um die neuen Wege zu finden.

Ein Abenteuer besteht aus den beiden Kriterien, dass eine Vorfreude auf das Unbekannte vorhanden ist und gleichzeitig ein klein wenig Unsicherheit angesichts des Neuen.

Die Herausforderung, eine Krankheit zu tragen, die – nach jetzigem medizinischen Stand –nicht heilbar ist, bietet die Chance, jetzt sofort damit anzufangen, dem Leben wieder jenen Abenteuercharakter zurück zu geben. Auch dies bedeutet keineswegs, sich entweder auf eine Fernreise oder einen Seitensprung begeben zu müssen. Alles, was der gewohnten Norm widerspricht, ist hilfreich, um neue Sichtweisen und Erfahrungen machen zu können.

In einem Fall kann es bedeuten, den angestammten Sitzplatz zu verlassen, um eine neue Erfahrung machen zu können und in einem anderen Fall kann schon das Einlassen auf eine ganz andere Sichtweise ein ganz neues Lebensgefühl vermitteln. Ein Abenteuer jedoch ohne sich darauf einzulassen, wird keines.

> Die wahren Abenteuer finden im Kopf statt.
> Unbekannt

Gute Besserung!

Selbst wenn der Alltag in einer palliativen Behandlung oft ausschließlich aus Unsicherheit bestehen mag, ist es entscheidend, gleichzeitig an jedem Tag eine Freude – und sei sie noch so klein – zu haben. Manchmal ist ein scharfer und geübter Blick nötig, um in diesem Alltag etwas Schönes zu finden. Um dies zu lernen, kann die »Bohnenübung« hilfreich sein:

> *Es war einmal ein Bauer, der steckte jeden Morgen eine Handvoll Bohnen in seine linke Hosentasche. Immer, wenn er während des Tages etwas Schönes erlebt hatte, wenn ihm etwas Freude bereitet oder er einen Glücksmoment empfunden hatte, nahm er eine Bohne aus der linken Hosentasche und gab sie in die rechte.*
>
> *Am Anfang kam das nicht so oft vor. Aber von Tag zu Tag wurden es mehr Bohnen, die von der linken in die rechte Hosentasche wanderten. Der Duft der frischen Morgenluft, der Gesang der Amsel auf dem Dachfirst, das Lachen seiner Kinder, das nette Gespräch mit einem Nachbarn – immer wanderte eine Bohne von der linken in die rechte Tasche.*
>
> *Bevor er am Abend zu Bett ging, zählte er die Bohnen in seiner rechten Hosentasche. Und bei jeder Bohne konnte er sich an das positive Erlebnis erinnern. Zufrieden und glücklich schlief er ein – auch wenn er nur eine Bohne in seiner rechten Hosentasche hatte.*

Die Freiheit

Sich ins Bett legen heilt die eine Hälfte aller Krankheiten, und aufstehen die andere.
Unbekannt

Selbst wenn es einem Menschen – gerade während einer palliativen Behandlung – schlecht gehen sollte, liegt es an jedem Menschen selbst, ob noch aus kleinen Begebenheiten doch Wertvolles entstehen kann. Der Satz »Carpe diem« (»Nutze den Tag«), kann Betroffene, besonders, wenn sie sich körperlich schwach fühlen, ganz erheblich unter Druck setzen. Der Ausspruch vermittelt in hohem Maße, wie erstrebenswert es allgemein gilt, zu funktionieren, körperlich und geistig fit zu sein und das am Besten in einem hyperaktiven Zustand. Das allerdings ist keine Freiheit, sondern Mainstream. Schwäche bedeutet jedoch weder Handlungsunfähigkeit noch Einflusslosigkeit.

Wenn das »Wunder geboren worden zu sein, angekommen ist«, kann Schlafen, Baden, Ausruhen, Malen, Fernsehen, Lesen oder Dösen in sich vollkommen stimmig sein und ohne jedes schlechte Gewissen nahezu zelebriert werden – ganz einfach, weil es jetzt anliegt und wichtig ist. Wenn Sie essen wollen, dann essen Sie, wenn Sie schlafen wollen, dann schlafen Sie und wenn Sie etwas unternehmen wollen, dann tun Sie es!

Wir entscheiden, was wir tun und ob wir etwas tun. Jedes schlechte Gewissen dabei schränkt unsere Freiheit erheblich ein und mindert die Größe des Wunders der Einzigartigkeit.

**Freilich hatte ich auch Momente der Freude, aber wenn ich noch einmal anfangen könnte,
würde ich versuchen, nur mehr gute Augenblicke zu haben.
Falls du es noch nicht weißt, aus diesen besteht nämlich das Leben, nur aus Augenblicken. Vergiss nicht das Jetzt!**
Jorge Luís Borges (Auszug aus: wenn ich noch einmal leben könnte)

Wir sind ganz und gar frei darin, zu denken, was wir denken wollen. Wir sind auch frei darin, unsere Sichtweisen zu erweitern oder nicht. Wir können freundlich sein oder garstig und wir können aktiv sein oder passiv. Das alles hat wenig mit unseren körperlichen Möglichkeiten zu tun. Aktivität misst sich nicht daran, ob wir einen Marathon mitlaufen können, sondern daran, was wir mit unseren Worten und Taten in die Welt setzen. Wir können uns streiten oder vertragen, ganz und gar, wie wir es wollen.

Unterstützungen

Lebenskrisen beschweren jeden Alltag. Besonders dann, wenn in Zukunft keineswegs rosige Ereignisse – wie in einer palliativen Begleitung üblich – warten. Diese Situationen können ganz leicht dazu führen, dass die Betreffenden sich mehr und mehr im Abseits befinden. Der Rest der scheinbar gesunden Gesellschaft geht weiterhin ihrer Beschäftigung nach und Menschen, die krank werden, fallen da raus.

Dennoch möchte die Umgebung in ihrer eigenen Sprachlosigkeit angesichts der Ungewissheit oft sehr gern etwas tun – sie weiß bloß nicht was und wie.

100 Glückwunschkarten, bitte!

Er sitzt lächelnd im Rollstuhl und hält ein knallgelbes Schild mit seinem Wunsch in die Kamera: Joe Cuba aus dem US-Bundesstaat Texas hat zu seinem 100. Geburtstag um 100 Glückwunschkarten gebeten. Durch den Post der Einrichtung für betreutes Wohnen, wo Joe lebt, ging das Foto auf Facebook viral, zahlreiche Medien interviewten den Senior. Kurz vor seinem Geburtstag war die dann Freude groß: Joe hatte der Einrichtung zufolge bereits etwa 35.000 Karten und Geschenke aus aller Welt bekommen!
Aus den Nachrichten März 2019

»Giggelchemo«

Die Idee stammt von Sabine Dinkel, die während der schweren Zeiten ihrer zytostatischen Behandlung in ihrem Umkreis darum bat, Postkarten mit humorvollen, Mut machenden Sätzen, Aufgaben usw. zu bekommen, die ihr trotz der Behandlung ihren Humor stärken und erhalten konnten. Sie nennt diese Unterstützung »Giggelchemo«.

Das ist ein großer Schatz. Die Gemeinschaft, ob bekannt oder nicht, hat in ihrer schweren Zeit etwas für sie tun können und hat sie gleichzeitig gehalten. Davon lebt Gemeinschaft.

In schweren Zeiten kann also die Umgebung dadurch vieles tun und die Betroffenen werden gestärkt. Eine Bitte an andere kann dazu sehr hilfreich sein. Das können Karten sein, wie bei Sabine Dinkel. Es kann auch die Bitte um einen gemeinsamen Kaffee sein, es kann ein gemeinsames Filmansehen sein, Kinobesuche, Spaziergänge – oder Fahrten, Eisbecher oder gemeinsames Schweigen. Der Fantasie sind keine Grenze gesetzt. Und wenn Sie Unterstützung bekommen, dann finden Sie eine Möglichkeit, dafür Danke zu sagen. Dann entsteht Dankbarkeit auf beiden Seiten.

Wer palliativ behandelt wird, hat wenig zu verlieren, doch sehr, sehr viel zu gewinnen.

Humor-positiv

Die Sprachlosigkeit, wenn ein Mensch sich in palliativer Behandlung befindet, ist groß – auch bei den Betroffenen. Doch diese verfügen oftmals über einen besonderen Humor, der manchmal auch als »Galgenhumor« oder »schwarzer Humor« bezeichnet wird.

Bitte kein Mitleid …

Doch allen ist klar: eine humorvolle Stimmung, egal, was passieren mag, ist für alle Beteiligten angenehmer, als eine ohnmächtige. Kranke Menschen sind ganz normale Menschen in einer besonderen Lebenssituation. Und sie können Lachen und Weinen.

Und auch hier sind alle Menschen völlig frei darin, die gemeinsame Lebenszeit freundlich und humorvoll und traurig oder ohnmächtig und resignativ zu gestalten.

Weder Betroffene, noch ihre Umgebung haben etwas zu verlieren, wenn sie sich – am besten gemeinsam – auf den Weg machen, trotz der schweren Lebenssituation, nicht nur Schönes zu sehen und zu entdecken, sondern vielleicht auch Freude und Spaß in der gemeinsamen Zeit zu entwickeln und zu entdecken. Das kann ein humorvoller Film ebenso sein, wie die Suche nach Absurditäten. Das kann auch die Bitte an die Umgebung sein, humorvolle Geschichten zu erzählen. Dann kann in großer Offenheit Weinen und Lachen vorhanden sein.

Sein oder Nichtsein – das ist hier die Frage.
William Shakespeare

Es macht einen großen Unterschied, ob ein Mensch eine Seele hat oder nicht. Wenn in einem lebendigen Organismus eine Seele enthalten ist, hat das Auswirkungen nicht nur auf unseren Tod, sondern auch auf unser Leben, wie wir es leben und wie wir es gestalten. Es geht mitnichten nur darum, wie wir uns auf unseren Abschied vom Leben vorbereiten, sondern es geht auch darum, uns als mehr begreifen zu können, als ausschließlich Materie.

> Die Seele ist in den letzten hundert Jahren nahezu vollständig aus der Psychologie verschwunden. Nach einer Auswertung im Jahr 2014 enthielten 387 Fachartikel in der Datenbank »ISI Web of Knowledge« den Begriff »soul« (Seele). Das Wort »brain« (Gehirn) hingegen wurde 37.422 mal genutzt.
> (Spektrum der Wissenschaft 2015)

Wenn es eine Seele gibt, dann ist es sehr wahrscheinlich, dass dies auch einen Sinn ergibt. Für das Leben kann das bedeuten, dass jede einzelne Seele, die lebendig ist, ihren Platz hat und ihre Aufgabe. In diesem Fall wäre auch jeder gelebte Tag ein sinnvoller. Und dann kann – nicht nur am Lebensende, wenn der Abschied konkret wird – sondern an jedem anderen Tag, ob krank oder gesund, das eigene gelebte Leben als sinnvoll betrachtet werden.

Meist bestehen sehr feste Ansichten darüber, ob es eine Seele gibt oder nicht. Das heißt, wir haben ein sehr starres Weltbild. Das Spielen mit den Möglichkeiten und Sichtweisen anderer Kulturen in ihrer ganzen Vielfalt können den Blickwinkel erweitern und die eigene Sturheit, wie den eigenen Dogmatismus aufweichen und breit gefächert werden lassen.

Und dies kann sehr wertvoll sein, um sowohl dem Leben als auch dem Abschied einen neuen, ganz eigenen Schimmer zu verleihen.

Die Seele, Redewendungen:

- Kostet etwa einen Euro, ist kross gebacken und schmeckt lecker (verbreitet im süddeutschen Raum)
- Die Seele baumeln lassen
- Diese Worte sind Balsam für meine Seele
- Er liegt mir auf der Seele

- Ein Herz und eine Seele
- Keine Menschenseele weit und breit
- Ich bin mit Leib und Seele dabei
- Da kann ich mir alles von der Seele reden
- Zwei Seelen wohnen – ach – in meiner Brust
- Er ist darauf erpicht, wie der Teufel auf eine arme Seele
- Essen und Trinken hält Leib und Seele zusammen
- Du sprichst mir aus der Seele
- Du fragst mir die Seele aus dem Leib

Vom Wünschen

Wünschen richtet sich immer an eine Dimension, die mehr Macht hat, als wir selbst. Ein gefundener und ausgesprochener Wunsch geht oftmals mit einem tiefen Seufzer einher. Dies ganz einfach deshalb, weil klar ist, dass wir selbst für die Erfüllung dieses Anliegens nicht die Richtigen sind. Wünsche sind so verschiedenartig, wie wir Menschen es sind. Natürlich ist es nahliegend, sich bei einer palliativ behandelten Krankheit Weiterleben, Gesundheit und die Erhaltung der bisherigen Normalität zu wünschen. Auch diese Erfüllung liegt keineswegs in unserer oder in medizinisch-menschlicher Macht.

Wünsche richten sich immer an die Zukunft und ihre Erfüllung unterliegt keinem Muss. Sie sind ganz und gar in Freiheit geäußert und ebenso frei ist die andere Seite, einen Wunsch zu erfüllen. Wer beleidigt ist, weil ein Wunsch sich nicht erfüllt hat, sollte sich klar darüber sein, dass es kein Wunsch war, sondern wohl eher eine Bettelei oder sogar Forderung.

Wahrscheinlich sollten wir alle in ganz gesunden Zuständen üben, Wünsche zu haben und sie – mit einem tiefen Seufzer – auch auszusprechen. Wer weiß, ob sie sich nicht erfüllen werden? Das kann im Falle einer palliativ behandelten Erkrankung bedeuten, dass wir uns einen neuen Tag wünschen, dass wir uns Gemeinschaft wünschen, dass wir »letzte« Wünsche in uns tragen oder vielleicht mehr Sonnentage. Und es können auch viele Wünsche für andere sein. Tragen Sie diese Wünsche in sich und äußern Sie diese. Wer weiß, was alles möglich ist? Wünsche sind für eine gute Stimmung jeden Tag von großer Bedeutung. Und vielleicht kann irgendwann einmal nur noch der Wunsch bestehen, dass alles, was kommen mag, leicht gehen möge.

Erst dann, wenn ein Mensch keinerlei Wünsche mehr in sich trägt, ist ein Zustand der absoluten Ruhe eingekehrt. Das kann entweder bedeuten, sich in einem Zustand von jenen »Heiligen auf Erden« zu befinden, und es kann auch bedeuten, mit allem, was geschehen mag, vertrauensvoll einverstanden zu sein. In jedem Falle hat sich diese Haltung bereits sehr von jeder Alltagsnormalität der menschlichen Natur entfernt.

Hand aufs Herz ...

Jedes Leben trägt ungeahnte Höhen und Tiefen in sich. Das ist allgemein bekannt. Ein Leben ohne Krisen ist nicht vorstellbar und hoffentlich hat jedes Leben in sich genügend Freude beinhaltet.

Es kann sein, dass der betreffende Mensch lange Zeiten seines Lebens allein war, es kann auch sein, dass nicht genügend finanzielle Möglichkeiten zur Verfügung gestanden haben. Es kann sein, dass viele menschliche oder gesellschaftliche Enttäuschungen dabei waren. Es mag auch angehen, dass der politische Zustand der Welt ebenso furchtbare wie grausame Narben im Leben eines Menschen hinterlassen hat. Das alles ist abhängig von der jeweiligen und völlig individuellen Lebensbilanz der jeweiligen Person, ob unter dem Strich das Positive oder Negative überwiegt.

Dankbarkeit

Fast jeder Mensch, der in der heutigen Zeit palliativ behandelt wird – egal, wie das bisherige Leben verlaufen sein mag – bekommt gesellschaftliche Fürsorge. Das ist der Unterschied zwischen »Sterben« und »Krepieren«. Und dafür können wir alle dankbar sein.

Dies kann viel dazu beitragen, eine Lebensqualität in einer besonderen Lebenssituation zu verbessern, ganz einfach, weil Dankbarkeit vorhanden ist.

»Gestern habe ich wieder eine Bluttransfusion bekommen, weil ich nach der Chemo zu wenige rote Blutkörperchen hatte. Ich war zuerst völlig erschüttert darüber. Doch dann habe ich plötzlich erkannt, dass irgendjemand, der mich gar nicht kennt, mir Blut geschenkt hat – ganz einfach so. Dieser Mensch ist mir unbekannt und ich ihm. Und dieser Mensch will, dass es mir besser geht. Jetzt nehme ich jeden Tag, wenn ich mein Haus verlasse, irgendetwas mit und lege es als Geschenk irgendwo hin. Manchmal ist es ein Buch, dass ich schön fand, ab und zu lege ich irgendwo einen Euro hin, eine schöne Haarspange oder einen kleinen Zettel, auf den ich etwas Schönes geschrieben habe. Und ich freue mich innerlich bei der Vorstellung, wer das wohl finden mag? So kann ich meinen Dank an andere – mir vollkommen Unbekannte – zurückgeben.«
S., in palliativer Behandlung

Teil III
Umwälzungen in der Abschiedskultur

Kapitel 1
Die andere Möglichkeit:
Der Abschied naht

Der Tod ist eine Veränderung des Lebensstils.
Unbekannt

Noch findet Sterben und vom Leben Abschied nehmen meist hinter verschlossenen Türen statt. Es ist anonym. Einerseits möchten wir andere Formen für Abschiede schaffen, und andererseits sind Präsenz und Wahrnehmung des Todes in der Öffentlichkeit zurückgegangen. Während noch vor wenigen Jahrzehnten Aufbahrungen normal waren und Leichenwagen, die durch die Straßen fuhren immer wieder daran erinnerten, dass der Tod real ist, erkennen wir heute die Autos, die Verstorbene durch die Straßen fahren, oft gar nicht mehr. Das Sterben und der Abschied finden in Krankenhäusern und anderen Institutionen statt. Dort werden diese Verstorbenen – außer in Palliativstationen und Hospizen – zudem sehr schnell entsorgt. Doch selbst bei stationären Hospizen kann es immer noch vorkommen, dass Anwohner darauf hoffen, dass die Verstorbenen »bitte in einer Nacht-und Nebelaktion« von den Bestattungsunternehmen abgeholt werden. Im Alltag möchten sehr viele Menschen gern von jeder Erinnerung an den Tod und die eigene Endlichkeit verschont sein.

Der Tod ist ein Mysterium. Auch das Sterben geht mit eigenartigen Phänomenen und mit dem Begreifen einher, dass hier etwas Besonderes, etwas Großes und Rätselhaftes geschieht. Das wissen alle, die ein Sterben, den Tod und seine Begleitumstände miterlebt haben. Die Zeit steht still. Innehalten wird in diesen Momenten normal und es ist klar und deutlich, was wichtig ist und was nicht. Das allerdings stört einen aus gesellschaftlicher Sicht normalen Tagesablauf in ganz erheblichem Maße. Vielleicht ist das der Hintergrund dafür, dass eine allgemeine Scheu davor besteht, einem solchen Ereignis beizuwohnen.

Auf seltsame Weise gibt es viele, sehr viele Menschen, die noch nie in ihrem Leben einen toten Menschen gesehen, geschweige denn angefasst haben. Wer dies einmal getan hat, weiß um die Kälte, die von einem Leichnam ausgeht. Und diejenigen wissen auch, dass ein verstorbener Mensch innerhalb kürzester Zeit so aussieht, als ob es sich um eine Figur aus dem Wachsfigurenkabinett handeln würde.

»Opa sieht ja aus, wie eine Wachspuppe!«
R., zehn Jahre alt, bei der Aufbahrung des Opas

Die Revolution ist die ruckartige Nachholung
verhinderter Entwicklung.
Karl Marx

Anders ...

Sehr vieles hat sich in den letzten Jahrzehnten verändert. Und diese Veränderungen haben auch vor unserem Umgang mit dem Tod und unserer Abschiedskultur keineswegs Halt gemacht. Auch in der Gestaltung eines Abschieds gibt es viele Möglichkeiten, die einen heilsamen Prozess unterstützen. Dazu bedarf es wieder jener »mündigen« Menschen, die ihre eigenen Entscheidungen treffen wollen und die bereit sind, sich einem schier unaussprechlichen Thema zu widmen und so lange nach Änderungen zu suchen, bis sie selbst damit zufrieden sein können.

Das betrifft auch die Vorbereitungen, die zu treffen sind, wenn ein Mensch sich mit einem möglichen und konkret werdenden Abschied beschäftigt. Es gibt vieles zu bedenken, wenn ein Mensch sterben wird und es betrifft auch die Bestattung, die zwar nicht den Abschied an sich bedeutet, doch innerhalb eines Abschiedsprozesses ein bedeutender Schritt ist. Und wieder wird es von den vielen Schritten und der Initiative sehr vieler Menschen abhängig sein, inwieweit sich unsere Abschiedskultur von einer sprachlosen zu einer handlungsfähigen und sinnvollen entwickeln wird.

Der Tod ist nicht das letzte Tabu. Aber er erledigt sie alle.
Peter Rudl

Diese Bereitschaft, Wissen und Handeln zu wollen und zu können, zeigt sich auch angesichts des »Unaussprechlichen«, der Auseinandersetzung mit der eigenen Sterblichkeit. Das bedeutet viel Mut. Während es noch vor wenigen Jahren fast ungehörig schien, über das Thema Abschied zu sprechen, ist es heute etwas normaler geworden.

Ich werde es machen wie Daniel Küblböck ...

Viele Menschen, die jenseits der sechzig Jahre sind, sprechen auf Treffen mit anderen Menschen ganz offen bei einem Glas Wein darüber, wie sie sich ihre letzten Monate vorstellen würden. Dabei wird auch die Frage nach Selbstbestimmung und aktiver Sterbehilfe immer wieder angesprochen und bewegt. Es ist anzunehmen, dass es besonders die Hospiz- und Palliativbewegungen waren, die diesen Prozess unterstützt haben. Sowohl die Entwicklung, sich der Utopie eines mündigen Patienten anzunähern, als auch die Suche nach einem guten Abschied sind das Ergebnis der Initiativen unendlich vieler Menschen gewesen, die nicht zufrieden mit dem damaligen Zustand waren und es heute noch nicht sind. Und langsam beginnt eine ganze Mauer dieses ohnmächtigen Schweigens ein wenig zu zerbröseln.

Diese sich ändernde Haltung so vieler Menschen erklärt auch, weshalb es für die unendlich vielen Fragen angesichts von Leid und der Möglichkeit des konkret werdenden Abschieds so viele verschiedene Angebote einer palliativen Begleitung gibt und geben muss.

Dann mal los!

Diese langen und verschlungenen Wege haben heute dazu geführt, dass wir jede Unterstützung im Krankheitsfalle bekommen können. Dafür ist das Zusammenspiel aller, die sich in Medizin und Pflege engagieren und arbeiten, unabdingbar. Und alle, die sich im Bereich der palliativen Versorgung befinden, können für fast jede auftauchende Schwierigkeit Lösungsansätze finden.

Aus der Sicht einer Sterbeamme

Den Abschied allerdings und die Auseinandersetzung und Beschäftigung damit, wird niemand für die Betroffenen und ihr Umfeld erledigen. Unterstützung und Hilfestellungen gibt es. Doch der Abschied will gestaltet werden und dies ist immer eine ganz und gar eigene Aufgabe in der Umsetzung.

Ob es möglich ist, den Sensenmann auszutricksen?

Jede Krankheit und jeder Abschied ist einzigartig. Es kann übereinstimmende Phänomene geben, die grob besehen sogar Ähnlichkeiten aufweisen können. Doch das ist auch schon alles. Jeder Prozess, in dem sich ein Mensch befindet, der palliativ begleitet wird, ist individuell und erfordert eine ebenso individuelle Begleitung.

Und wohl die einzige Instanz, die weder zu belügen, noch mit Kniffen und Tricks eingewickelt werden kann, ist der Tod. Niemand ist so unbestechlich und konsequent – auch wenn es einigen Menschen so vorkommen kann, dass er oftmals ziemlich lange braucht, bis er seinen Weg zu einem selbst gefunden hat. Ihn auszutricksen ist eine Fiktion und nur in Geschichten möglich. Hier sei zum Beispiel die Geschichte vom Brandner Kaspar erwähnt, der den Tod, der ihn holen will, beim Kartensielen erfolgreich betrügt.

Vom Feind zum Freund

Tipps und Tricks helfen nicht, wenn es um Fragen von Leben und Sterben geht. Es geht darum, sich mutig einem Geschehen zu nähern, das vielleicht der Höhepunkt unseres gelebten Lebens ist und sein kann.

Sich diesem Phänomen zu nähern braucht Mut und braucht die Veränderungen, die stetig anwachsen. Es braucht dazu auch den Willen, etwas zu ändern, was uns nicht gefällt.

Kapitel 2
Umwälzungen in der Abschiedskultur – Technische Vorbereitungen I. Teil

Was alles heute schon möglich ist – Wir müssen nur ein wenig suchen

Sowohl die Patientenverfügung als auch eine Vorsorgevollmacht und die Betreuungsverfügung gelten für die Fälle, in denen ein Mensch durch eine Krankheit oder einen Unfall nicht ansprechbar ist und den eigenen Willen und eigene Entscheidungen weder fällen, noch kundtun kann. In diesen Situationen können durch Verfügungen andere Menschen bestimmt werden, die dann die Wünsche des Betreffenden vertreten und durchsetzen sollen und dürfen. Das ist etwa so, als habe jemand einen Anwalt bestellt, der für einen selbst sprechen wird, wenn man sich selbst nicht mehr vertreten kann.

Dadurch soll verhindert werden, dass Maßnahmen eingeleitet werden, mit denen die betreffende, nicht ansprechbare Person nicht einverstanden gewesen wäre.

Bei Regelungen wie Patientenverfügung, Vorsorgevollmacht, Betreuungsverfügung und Testament handelt es sich eher um technische Regelungen. Diese sorgen dafür, dass die Wünsche eines Menschen Berücksichtigung finden können. Das ist durchaus ein befriedigender und innerlich sortierender Schritt. Mehr bedeuten diese technischen Regelungen zunächst allerdings nicht. Mit einem Abschied in Frieden – für alle Beteiligten – hat das noch herzlich wenig zu tun. Und dennoch bedeutet jede Verfügung, auch das Testament, dass ein Mensch sich seiner Sterblichkeit bewusst wird und sich ganz grundsätzlich mit ihr beschäftigt.

Muss ich jetzt sterben?

Auch wenn mittlerweile sehr viel mehr Menschen bereit sind, diese technischen Vorbereitungen anzugehen, besteht doch bei fast allen eine gewisse Befangenheit, dies zu tun. Fast alle Menschen denken, sie müssten in absehbarer Zeit sterben, wenn sie diese Dinge und ihre Wünsche schriftlich niedergelegt haben. Dahinter steht meist der Gedanke, dass wahr wird, was gedacht oder getan wird. In einer naturwissenschaftlichen Perspektive ist diese Annahme reiner Aberglaube.

> »Wie wäre es, wenn ich gleichzeitig mit der Patientenverfügung, der Betreuungsverfügung, der Vorsorgevollmacht und meinem Testament noch eine Verfügung aufsetze? Diese soll meinen Lebenswillen bekunden – quasi eine Art Lebensvertrag!«
> J., beschäftigt sich mit seinen Verfügungen

Doch wenn jemand diese Vollmachten und Verfügungen trifft, heißt das nicht, dass dieser Mensch gleich sterben wird – es sei denn, die Verfügung wird erst auf dem Totenbett aufgesetzt. Es ist also ratsam, diese Dinge möglichst früh anzugehen – vollkommen unabhängig von einer unter Umständen lebensbedrohlichen Diagnose. Möglicherweise wäre es ebenso sinnvoll, dies in Schulzeiten schon einmal zu lernen, ebenso, wie andere gesetzliche Vorgaben.

> Was kümmert mich mein Geschwätz von gestern, nichts hindert mich, weiser zu werden.
> Konrad Adenauer

Normalerweise wird dazu geraten, die Patientenverfügung regelmäßig zu erneuern Es könnte ja sein, dass sich die Meinungen – mit mehr Wissen und Erfahrung – ändern. Das jedoch gilt für jede Form von Verfügung. Es geht um eine besondere Form der Selbstbestimmung. Und diese wird feiner und genauer, je mehr sich ein Mensch mit einer Thematik beschäftigt. Und vor allem: Jeder Mensch kann jederzeit seine Wünsche wieder zurückziehen, das völlige Gegenteil behaupten und verfügen, alles zerreißen und sich aus jeder Notariatskammer zurückziehen beziehungsweise eine ganz andere Verfügung dort einsetzen lassen und völlig andere Menschen als Vertreter*innen bestimmen und einsetzen. Es handelt sich also nicht um fest gemauertes Recht, sondern um einen Prozess. Und wie jeder Prozess ist auch dieser veränderbar.

Die Patientenverfügung

Mit einer Patientenverfügung kann die betroffene Person angeben und verfügen, wie sie behandelt werden will, wenn ein Notfall gesundheitlicher Art eintritt und sie selbst nicht mehr ansprechbar ist.

Vielen Menschen – auch aus Furcht vor Gerätemedizin und Lebensverlängerung – ist heute bewusst, wie wichtig eine Patientenverfügung zur Vermeidung unnötigen Leids ist. Heute gibt es Vordrucke dafür schon in Papierwarengeschäften zu kaufen. Selbstverständlich können diese auch aus dem Internet bezogen werden. Ratsam ist es, diese Verfügung bei einem Notar rechtssicher zu machen. Die Notariatskammer speichert die Verfügungen und Krankenhäuser gehen immer mehr dazu über, diese online anzufragen, bevor sie lebensrettende Maßnahmen einleiten. Ratsam kann es auch sein, sich um Vordrucke bei Ärztekammern zu bemühen, die immer auf dem neuesten Stand sind, was Inhalte und Sicherheit angeht.

Am Wichtigsten ist es jedoch immer, dass alle, die sich mit ihrem Abschied beschäftigen, einen kommenden Abschied, die damit verbundene Trennung und ihre Wünsche dabei mit ihren nahen Menschen besprechen. Hier gilt es, den Mut aufzubringen, gemeinsam diese Gespräche zu führen, auch wenn es vielen Menschen unangenehm ist. Es kommt immer noch vor, dass die gemeinsame Sprachlosigkeit dazu führt, dass schlussendlich alle Beteiligten sagen, dass die Verstorbenen einen solchen Weg niemals auf diese Weise hätten gehen wollen.

»Meine Patientenverfügung sollen eines Tages die Menschen vertreten, die bereit sind, mich unter Umständen verhungern zu lassen, wenn ich das so verfügt habe.«
D., mit Rücksicht auf seine Familie

In Notfallsituationen kann also die Person, die in eine Patientenverfügung eingesetzt wurde, den Willen der betroffenen Person vertreten. Das kann dann zu einem Problem werden, wenn enge zwischenmenschliche Bindungen zwischen den beiden Menschen bestehen. Es kann für einen Menschen sehr schwer sein, einen möglicherweise früheren Tod des nahen Menschen nicht nur in Kauf nehmen zu müssen, sondern auch Mediziner*innen und Pfleger*innen gegenüber zu vertreten. Es ist ratsam, den engsten Menschen das Vertrauen auf andere Weise auszudrücken um diese nicht unnötig damit zu belasten, dass sie einen Willen durchsetzen sollen, der gar nicht unbedingt ihrem eigenen Wunsch entspricht.

Die nächsten Angehörigen sind, wenn ein solcher Fall eintritt, zudem meist mehr oder weniger in einer Schocksituation. Es ist niemals gut, in einer Schocksituation dermaßen gravierende Entscheidungen treffen zu müssen. Deshalb ist ein Mensch, der eher in der Lage ist, die Gesamtsituation einzuschätzen und überblicken zu können, wahrscheinlich die bessere Wahl.

Die Vorsorgevollmacht

Ein ähnlicher Bekanntheitsgrad gilt heute für die Vorsorgevollmacht. Auch hierfür gibt es im Netz und im Bürobedarf entsprechende Vordrucke. Das Bundesministerium für Justiz bietet Vordrucke an, in denen nur noch die richtigen Stellen angekreuzt werden müssen. Dabei sind jedoch individuelle Einzelfragen nicht berücksichtigt.

Kannst du mich bitte vertreten?

Eine Vorsorgevollmacht berechtigt einen anderen Menschen in einer Notfallsituation Entscheidungen im Sinne der Vollmachtgeber zu treffen. Deshalb ist ein grundlegendes Vertrauen zu der betreffenden Person absolut wichtig und notwendig. Die bevollmächtigte Person kann also in einer Lage, in der die vollmachtgebende Person nicht (mehr) geschäftsfähig ist, die Entscheidungen treffen und versorgen. Durch eine Vorsorgevollmacht kann eine rechtliche Betreuung weitgehend vermieden werden.

Die Wirksamkeit der ausgestellten Vollmacht setzt voraus, dass die vollmachtgebende Person (noch) geschäftstüchtig ist. Eventuell kann hier ein ärztliches Attest verbindliche Sicherheit geben.

Wichtig ist dabei auch, dass die Vorsorgevollmacht »über den Tod hinaus« Gültigkeit hat, beziehungsweise dieser Passus extra aufgeführt wird. Andernfalls können Regelungen nicht mehr von der beauftragten Person geleistet werden. Besonders im Falle von Erbangelegenheiten liegt ansonsten der Nachlass so lange auf Eis, bis der Erbschein vorliegt. Und bis der Erbschein ausgestellt ist, kann es lange Zeit dauern.

Eine rechtliche Beratung hierzu gehört in die Hände von Anwält*innen und Notar*innen. Hier kann auch die Beratung über Risiken und Besonderheiten stattfinden.

Die Vorsorgevollmacht muss nicht zwingend notariell beglaubigt werden, doch aus Sicherheitsgründen wird dies empfohlen.

Die Betreuungsverfügung

Auch die Betreuungsverfügung ist für den Fall gedacht, dass ein Mensch sich in einer Notfallsituation befindet und nicht mehr für sich selbst entscheiden kann. In der Betreuungsverfügung kann niedergelegt werden, wie die betreffende Person untergebracht werden möchte. Normalerweise bestellt in diesen Fällen ein Gericht eine gesetzliche Betreuungsperson. Es handelt sich also um eine Absicherung, falls ein Mensch in die Situation kommen sollte, eine rechtliche Betreuung nötig zu haben. Eine gerichtliche Einschaltung findet in jedem Falle statt, wenn eine Betreuung notwendig wird. Durch eine Betreuungsverfügung kann jedoch eine bestimmte gewünschte Person als Betreuung eingesetzt werden.

Wenn eine schriftliche Betreuungsverfügung vorliegt bemühen sich die offiziellen Stellen, diesen niedergelegten Wünschen zu entsprechen. Eine andere Person darf nur dann vom Gericht eingesetzt werden, wenn sich die gewünschte Person als dafür ungeeignet zeigt.

Betreuer*innen unterliegen gesetzlichen Beschränkungen und werden ebenso gerichtlich überwacht.

Das Testament

> Ich habe meinen Körper der Medizin vererbt, aber die Ärzte fechten jetzt das Testament an.
> Unbekannt

> Jemanden mit dessen Wissen im Testament zu bedenken und dann nicht in angemessener Frist zu sterben, das grenzt schon an Provokation.
> Samuel Butler der Ältere

Auch ein Testament ist eine Verfügung. Hierbei jedoch geht es ausschließlich um das materielle Erbe, das ein Mensch nach seinem Tod hinterlässt.

Nur wenn ein Mensch volljährig ist, darf ein privatschriftliches Testament aufgesetzt werden. Wer durch Krankheit oder andere Umstände nicht mehr schreiben kann, muss sich an einen Notar wenden, damit der letzte Wille seine Gültigkeit hat.

Ein privates Testament wird immer selbst geschrieben. Es soll handschriftlich geschrieben werden und natürlich lesbar sein. Eine eindeutige Überschrift ist ebenso wichtig (Letzter Wille, Testament). Dazu werden am Ende der Ort und das Datum eingesetzt und es wird eigenhändig mit Vor- und Zunamen unterschrieben. Am besten ist es, wenn dazu noch einmal der vollständige Name in Druckbuchstaben eingesetzt wird. Es ist auch wichtig, dass Formulierungen eindeutig und klar gewählt sind. Die Personen, die bedacht werden, sollten deshalb mit ihrem vollen Namen und ihrem Geburtsdatum benannt werden. Gültig ist immer die Fassung, die eindeutig zu erkennen am aktuellsten ist. Hier liegt ein Stoff für viele Romane, Kriminalfilme und für viel Streit im Erbrecht. Ein Erbe so zu verteilen, dass alle zufrieden sind, ist schwer. Und Gerechtigkeit ist nach wie vor eine Illusion. An uns Menschen nagt die Gier nach Mehr. Vielleicht wäre es doch besser, wenn gemeinsam mit einem verstorbenen Menschen auch das gesamte Hab und Gut gleich mit verbrannt würde. Dann wäre die Einstimmigkeit ein gemeinsames: »Schade!«.

Schade: das letzte Hemd hat keine Taschen …

Wenn ein Testament in einem Notariat aufgesetzt wird, werden Formulierungen des letzten Willens von den Notar*innen übernommen. Die Einschaltung eines Notariats ist auch deshalb sinnvoll, weil es dann nicht nötig ist, sich um Rechtswirksamkeit Gedanken zu machen. Die Kosten für ein notarielles Testament sind davon abhängig, wie hoch das Erbe ist. Jede Änderung des Testamentes ist mit weiteren Gebühren verbunden. Ein notarielles Testament erspart dabei auch den Erbschein. Das Testament reicht als Nachweis aus, um zum Beispiel ein geerbtes Stück Land im Grundbuch eintragen zu lassen.

Eine Garantie dafür, dass der letzte Wille auch umgesetzt wird, gibt es nicht. Dies gilt besonders dann, wenn das Testament privat aufbewahrt wird. Das Testament beim Nachlassgericht zu hinterlegen bietet eine sichere Möglichkeit, dass das Testament eines Tages auch tatsächlich geöffnet und ein letzter Wille beachtet und umgesetzt werden kann.

> **Testament: Letzte Gelegenheit zur Rache vor der Fahrt ins Jenseits.**
> Hans-Jürgen Quadbeck-Seeger

Ein Testament soll also klar und am besten kurz und bündig formuliert werden. Geht es um inhaltliche Erklärungen zum Erbe, wieso und weshalb eine Person etwas bekommt und die andere nicht, so ist dafür nicht ein Testament gedacht, sondern ein so genannter »Erbenbrief«. Dieser hat keinerlei juristische Relevanz, doch in diesem Erbenbrief können die Motive des Erblassers erklärt und – vielleicht – von den Nachkommen verstanden werden. Ob diese Erklärungen jedoch immer nachvollzogen werden können, ist eine andere Frage.

Alles dies, selbst diese technischen Vorbereitungen, sind kleine Schritte in einem Abschiedsprozess. Das bedeutet nicht, dass dies schon ein heilsamer Abschied ist. Dazu gehört noch viel mehr.

> »Diese Pflanzen sind noch von dem verstorbenen Vater meines vor einigen Monaten verstorbenen Mannes. Und ich bin keine Gärtnerin und vergesse die Töpfe ganz einfach. Zwei von den Pflanzen sind mir schon eingegangen. Ich mache mir immer Vorwürfe, wenn ich die Pflanzen ansehe.«
> B., Witwe

Diejenigen, die mit dem Erbe in all seinen Formen – und auch Verantwortung für andere zu übernehmen ist ein Erbe – bedacht wurden, können entweder auf einen Berg an Chaos blicken oder halbwegs beruhigt sein, dass der Mensch, der sich mit seinem Abschied vom Leben beschäftigt hat, schon einmal aufgeräumt hat.

Moderne Zeiten

Vor der Computertechnik hat es gereicht, die Verstecke und Konten, die Codes von Tresoren und die entsprechenden Schlüssel an die Nachkommen weiter zu reichen. Dieses Procedere hat sich heute verkompliziert. Wenn Passwörter nicht weitergegeben werden, kann es sehr schwierig, sehr aufwändig und auch teuer werden, diese soweit wiedererkennbar zu machen, dass auch dort der Nachlass geregelt werden kann. Und das birgt immer große Unsicherheiten in sich. Passwortverschlüsselungen werden komplizierter und sollen im besten Fall gar nicht irgendwo notiert werden. Die Passworte sollen auch immer länger werden.

> Gib ein neues Passwort ein.
> Oft fliegste raus,
> mal kommste rein.
> Graffito

Es ist also ratsam, dass es an irgendeiner Stelle eine Liste der Passwörter und Zugangsdaten gibt, damit den Nachkommen die Trauerzeit nicht unnötig erschwert wird. Vielleicht ist hierfür der gute alte Tresor doch wieder ein sicheres Versteck.

Aus der Sicht einer Sterbeamme

Die Blüte ist das Herz, der Same ist das technische Können.
Seami Motokiyo

Wir können ganz beruhigt sein: Weder ein Testament aufzusetzen, noch eine Patientenverfügung, eine Vorsorgevollmacht, eine Betreuungsverfügung, weder ein Erbbrief, noch irgendeine sonstige Verfügung bedeutet, dass der Tod sofort kommt – es sei denn, wir warten lange, sehr lange, bis wir den Mut aufbringen, diese Verfügungen zu treffen.

»Oh, ich glaube, wir sind alle Angsthandler.
Das ist ja schrecklich!«
S., lernt den Umgang mit Angstmonstern

Wenn der Tod sich nicht austricksen lässt, so lässt er sich auch nicht durch technische Vorbereitungen heranlocken. Es ist also ratsam, möglichst frühzeitig und am Besten im Zustand der besten Gesundheit Entscheidungen zu treffen, was irgendwann einmal – im Fall der Fälle – getan werden soll. Dieses kann eine große Beruhigung für alle sein, die dann gefragt sind, wenn wir selbst keine Antworten mehr geben können.

Die technischen Vorbereitungen sind durchaus wichtig – doch sie sind formell und bedeuten nicht, dass dadurch ein friedlicher Abschied gestaltet ist. Zu einem Abschied, der in größtmöglichem Frieden für alle Beteiligten stattfinden kann, gehört mehr, als geordnete Papiere, festgelegte Regelungen oder eine gute Bestattung. Keine technische und/oder formale Bestimmung oder Verfügung ersetzt ein allseitiges Einverständnis mit dem, was geschehen mag und geschehen kann.

Kapitel 3
Wohin mit der Leiche? –
Technische Vorbereitungen II. Teil

Chancen multiplizieren sich, wenn man sie ergreift.
Sunzi

In der Bestattungskultur haben viele, viele Menschen dafür gesorgt, dass ihre eigene Unzufriedenheit bei erlebten Abschiedsfeiern und der Friedhofskultur letztlich in vielen verschiedenen Gestaltungswegen ihre Umsetzung gefunden hat. So findet Veränderung statt.

Diese Veränderung hat auch den Hintergrund, dass heute weltweit von allen Menschen eine viel größere Mobilität erwartet wird. Nicht nur hier bei uns, sondern auch in vielen anderen Teilen der Welt braucht es eine veränderte Abschieds- und Erinnerungskultur. Foren für Trauernde im Internet sind die eine Möglichkeit, Gedenkportale – die auch schon von Bestattungsinstituten angeboten werden – geben Hinweise darauf. Regelmäßige Friedhofsbesuche sind nur für diejenigen möglich, die am Orte wohnen. Die größere Mobilität verlangt auch, dass individuelle Erinnerungsstücke wie zum Beispiel Amulette, die leicht mitzunehmen sind, im Handel angeboten werden. Darauf richtet sich das Bestattungswesen ein.

Abschiede werden also zunehmend individueller und erfordern ebenso individuelle Ideen in der Umsetzung.

Früher war alles anders

Alles, was sich im sinnvollen Brauchtum unserer Vorfahren an Vorgaben und Ritualen, an Ausführungen und Maßnahmen als allgemein üblich zeigte, hatte zwei wesentliche Aspekte im Hintergrund:

1. Gingen unsere Vorfahren davon aus, dass es in einem lebendigen Wesen auch eine Seele gibt, die unabhängig vom Körper ein Dasein hat. Insofern muss auch ein verstorbener Mensch in alles einbezogen werden, was den Abschied angeht. Nichts war nur für die Lebenden gedacht, alles, was am Totenbett, in der Zeit danach und an den verschiedenen Abschnitten des Abschiedsprozesses durchgeführt wurde, richtete sich an die Lebenden und an die Toten gleichermaßen. Unsere Vorfahren hatten also ein spirituelles Weltbild, das keinerlei Definition benötigte.

2. War alles, was im Abschied notwendig war auch Prävention. Unsere Vorfahren fürchteten – wie so viele andere Kulturen weltweit – zwei Phänomene, die den Lebenden – und den Toten – Probleme bereiten könnten. Das waren die »Nachholer«, die Verstorbenen, die einen weiteren Tod insofern nach sich ziehen lassen, weil ein weiterer lebendiger Mensch kurze Zeit später auch sterben wird oder die »Wiedergänger«, die als Verstorbene den Weg ins Totenreich nicht antreten, sondern bei den Lebenden verweilen möchten und diese dadurch stören. (Selbstverständlich muss es, wenn es Nachholer gibt, auch Nachgeher*innen geben. Und selbstverständlich muss es auch Trauernde geben, die sich nur noch mit der Welt der Toten beschäftigen wollen, als Pendant zu einem Wiedergänger). Jede Handlung, von Aussegnung bis hin zu Aufbahrung

und Grabbeigaben, Gebeten, Segen und Wünschen waren eine Prävention gegen weitere Tode und weitere Probleme in der Gemeinschaft der Lebenden.

Bestatter*in – der unreine Beruf

Mit diesem Sinn und diesem umfassenderen Wissen wird der Unterschied deutlich zwischen einem Abschied, der nur schön, dekorativ und wie ein Event gestaltet ist und auf der anderen Seite einem Abschied, der eine tiefere, gelebte und spirituelle Perspektive in sich trägt. Viele heutige Sichtweisen und Gestaltungen der Abschiede sind ziemlich oberflächlich geworden. Es scheint, als sei in unseren Zeiten oftmals mehr Dekoration als Inhalt zu finden.

> Die schönste Beerdigung ist immer die eigene,
> denn zu der muss man nicht hingehen.
> Wolfgang J. Reus

Es gibt Bestatter*innen, die den Eindruck vermitteln, als ob sie selbst unendlich große Angst vor dem Thema Tod haben. Es kann auch sein, dass deren Hemmungen so groß sind, dass sie entsetzt sind, wenn ein Mensch einmal die Frage stellt, ob es möglich wäre, einmal in einem Sarg zur Probe zu liegen. Und natürlich gibt es auch Menschen im Bestattungswesen, denen der eigene Verdienst an oberster Stelle steht und ihre Arbeit nur eine lohnende Dienstleistung ist. Eine solche Haltung bietet einen wohl dekorierten – meist auch sehr teuren – Abschied, doch möglicherweise sind Mitgefühl und Aufmerksamkeit den Trauernden gegenüber eher eine gute schauspielerische Leistung.

Zurechnungsfähig?

Die Dienste eines Bestattungsinstitutes zu benötigen hat die Besonderheit, dass sie in dem Moment angefragt ist, wenn die Kund*innen sich in einem sehr besonderen Ausnahmezustand befinden und im Prinzip nur sehr schwer in der Lage sind, überhaupt Entscheidungen treffen zu können. Das macht die Arbeit eines Bestattungsunternehmens zu einer besonderen. Ethik spielt hier eine große Rolle.

»Wieso darf ich nicht Autofahren, wenn ich Bier getrunken habe? Wieso nicht, wenn ich Drogen genommen habe? Als mein Vater auf der Intensivstation lag und ich schnell in die Klinik gefahren bin, habe ich absolut nichts mehr mitbekommen, was im Straßenverkehr passierte. Zweimal hätte ich fast einen Unfall gebaut!«
P. in der Rückschau

Das Meer wird nicht unrein, wenn ein Hund daraus trinkt.
Sprichwort aus Persien

Besser Abstand halten

Menschen, die sich der Versorgung eines Toten widmen, gelten in vielen Kulturen als »unrein«, was der Scheu der gesamten Menschheit vor dem Thema Tod entspricht. Das gilt auch für Bestatter*innen in Europa. Ihre alltägliche Arbeit macht sie zu etwas Besonderem. Es gibt nicht viele Menschen, die sich im Zustand bester Gesundheit auf den Weg in ein Bestattungsinstitut machen, um sich über Möglichkeiten der Abschiedsgestaltung zu informieren. Doch auch hier gilt: niemand wird gleich sterben, wenn dieser unangenehme Weg einmal getan ist. Es würde bedeuten, sich mit einem ungeliebten Thema zu beschäftigen und in Klarheit Entscheidungen treffen zu können, die in Ausnahmesituationen besser unterbleiben sollten. Dies würde einer Haltung entsprechen, die mündige Patient*innen kennzeichnet.

Was zum Mund hineingeht, das macht den Menschen nicht unrein; sondern was aus dem Mund herauskommt, das macht den Menschen unrein.
Bibel

Gleichzeitig sind Bestatter*innen ganz normale Menschen mit – vielleicht – einem besonderen Beruf. Wer immer den Mut hat, sich zu informieren, obwohl kein konkreter Abschied anliegt, wird die Erfahrung machen, welche Beruhigung dadurch entstehen kann. Es gilt auch hier, Berührungsängste abzubauen. Das kann durchaus auch mit Gleichgesinnten unternommen werden. Dann kann der gemeinsame Halt den Weg ein bisschen einfacher machen. Und es kann durchaus sein, dass ein Tabu ein wenig erlöst werden kann.

> »Sie wollen einmal Probeliegen? Das ist kein Problem, welches Modell möchten Sie ausprobieren?«
> Ein guter Bestatter

Was heute möglich ist

Etliche Bestattungsinstitute zeigen heute sehr offen und auch offensiv, was alles möglich ist, wenn Abschiede und Abschiedsfeiern anstehen. Einige der Institute haben in Einkaufsstraßen offene Schaufenster und verstecken sich nicht mehr hinter dicken Gardinen oder den Dekorationen dahinter. Sie haben Särge in ihren Räumen stehen, deren Anblick dazu beitragen wird, dass der Tod einmal als natürlich angesehen werden kann. Diese Institute laden ein, anstatt sich hinter einer Mauer aus Sprachlosigkeit zu verschließen.

Die Aufbahrung

Noch in den 1950er Jahren war es üblich, dass eine dreitätige Aufbahrung des verstorbenen Menschen gemeinschaftlich mit Verwandten, Freund*innen und Nachbar*innen zelebriert wurde. Eine Aufbahrung gibt allen die Möglichkeit, in geschütztem Rahmen Abschied zu nehmen, sich den

Tod begreifbar zu machen und dann, »wenn die Zeit still steht«, noch einmal in Ruhe mit den Verstorbenen Kontakt aufnehmen und halten zu können. Unseren Vorfahren, die noch von der Existenz einer Seele in einem Körper ausgegangen sind, war es ein gleichwertiges Anliegen, den Verstorbenen die Ruhe und das Geleit zu geben, damit sie einen guten Weg ins Totenreich finden können.

Ohne eine spirituelle Grundhaltung ist dieser zweite Aspekt nichtig. Wer nicht an die Existenz einer Seele glauben mag, für den ist ein toter Mensch ab dem letzten Atemzug biologisches Material. Dementsprechend könnte – konsequent weiter gedacht – ein toter Mensch auch auf einer Kompostieranlage den optimalen Platz finden.

Die Bundesländer haben unterschiedliche Regelungen, was die Höchstdauer der Aufbahrung eines verstorbenen Menschen angeht und wie lange nach dem Tod diese stattfinden darf. Neben Hospizen, etlichen Alteneinrichtungen, einer Friedhofshalle oder bei den Bestattungsinstituten selbst, ist eine Aufbahrung durchaus auch zu Hause möglich, denn selbst wenn der Tod in einer Einrichtung stattgefunden hat, ist es möglich, den Leichnam nach Hause zu transportieren.

Die Aussegnung

Eine Aussegnung ist heute viel unbekannter geworden, als sie es einmal war. Oftmals wird sie in christlichem Zusammenhang durchgeführt, aber auch hier nicht mehr obligat. Bei einer Aussegnung wird ein Segen für die Verstorbenen gesprochen, der sinngemäß beinhaltet, dass diese ihren Weg ins Totenreich gehen und sicher finden mögen und ohne große Anstrengungen den – wie angenommen schwierigen – Weg finden sollen. Auch eine Aussegnung macht nur dann Sinn, wenn von einer vorhandenen Seele in einem Körper ausgegangen wird.

> Möge die Straße dir entgegeneilen.
> Möge der Wind immer in deinem Rücken sein.
> Möge die Sonne warm auf dein Gesicht scheinen
> und der Regen sanft auf deine Felder fallen.
> Und bis wir uns wiedersehen,
> halte Gott dich fest seiner Hand.
>
> Irischer Reisesegen

Wann immer sich ein Mensch in unbekanntes und möglicherweise gefährliches Terrain begibt, wird dieser Mensch mit einem begleiteten Segen sowohl sicherer als auch behüteter den Weg antreten können. Wenn ein Segen eine Kraft hat, dann wird diese Kraft auch übertragen werden können. Das gibt sicheres Geleit für jeden Weg – im Leben oder im Tod – in unwegsamem Gelände.

Es gibt eine ganze Reihe von Bestatter*innen, Sterbeammen- und Sterbegefährten sowie christliche Vertreter (sowohl katholisch, evangelisch, wie auch frei-christlich), die bei dem Wunsch nach einer Aussegnung behilflich sein können.

Die Waschung

Viele Bestatter*innen bieten ihre Unterstützung auch dabei an, dass Verstorbene von den Angehörigen gewaschen werden. Diese Waschung kann ein vertrautes und letztes Berühren, ein Begreifen des Abschieds und eine liebevolle Geste sein. Das kann Trauernden den Weg durch ihre Trauer erleichtern.

Die Bettwäsche

Es ist keineswegs nötig, die Bettwäsche des Bestattungsinstitutes für die verstorbene Person zu kaufen. Es ist jederzeit und überall möglich, eigene Bettwäsche in den Sarg zu legen. Wichtig dabei ist nur, dass diese Wäsche aus Naturmaterialien besteht. Das ist für viele Menschen eine große Beruhigung. Das Gleiche gilt für die Kleidung der verstorbenen Person.

Fingerabdrücke und Haare

> Übrigens: Zungenabdrücke sind ebenso einmalig wie Fingerabdrücke.
> Unbekannt

Es ist möglich, von einem Verstorbenen Fingerabdrücke nehmen zu lassen. Diese Abdrücke können schon auf einem Kärtchen eine schöne Erinnerung sein und sind gleichzeitig ein Zeichen der absoluten Individualität. Jedes gute Institut wird hier hilfreich sein und bei der Abnahme unterstützen. Aus diesen Abdrücken können auch Schmuckstücke gefertigt werden, die eine bleibende und letzte Erinnerung an einen lieben Menschen bedeuten.

> Alle Köpfe haben Haare, aber nicht alle Gehirn.
> Sprichwort von den Philippinen

Gleiches gilt für Haare. Haare werden in fast allen Kulturen mit besonderer, inhaltlicher Bedeutung verbunden. In früheren Jahrhunderten gab es kunstvolle Bilder, in denen sich liebevoll handgefertigte Kränze – oft mit Perlen und anderen zusätzlichen Verzierungen – aus den Haaren Verstorbener befanden. Diese waren Schmuck an den Wänden und zeugten von der Nähe zu den Verstorbenen. Besser bekannt sind Medaillons aus Metall, in denen sich die Locke eines lieben und nahen Mensch gut und sicher aufbewahren lässt.

Das letzte Boot

Das letzte Boot ist der Sarg. In diesen wird in Europa ein Verstorbener gelegt, um darin entweder kremiert oder erdbestattet zu werden. Erste Tuchbestattungen, wie es im Islam üblich ist, also ohne Sarg, gibt es zunehmend mehr auf Friedhöfen in Deutschland. Originelle und liebevolle hergestellte Särge, wie sie in Ghana üblicherweise eingesetzt werden, sind hier (noch) nicht erlaubt. Dort werden Särge in Form von Schiffen und Booten, in Form von Tieren, sogar Flugzeugen oder Colaflaschen, Familiensymbolen handgefertigt (siehe auch unter: »fantasy coffins« oder »abebuu adekai« oder »okadi adekai«).

Doch im Sarggeschäft zeigen sich die Veränderungen z.B, durch ausgefallenere Sargmodelle, die heute schon genutzt werden können. Es gibt Särge aus Weidengeflecht – auch für Erwachsene. Es gibt die traditionellen Särge, wie es auch erste Särge gibt, die zur Lebenszeit als Bücherregal genutzt werden können. Stirbt der Mensch, so können die Regale herausgezogen werden und ergeben dicht an dicht gelegt die Sargabdeckung. Es gibt Särge, ganz und gar aus Zellulose hergestellt, bei deren Verbrennung nur noch ein Viertel des CO_2-Gases entweicht. Es gibt Särge, deren Auskleidungen aus Hanf hergestellt sind und Särge, deren Holz aus zertifizierter Herkunft stammt.

Bei einer Kremierung und anschließender Urnenbestattung ist jedenfalls ein kostengünstiger Sarg wahrscheinlich der allerbeste. Und auch diesen Sarg kann man bemalen.

Selbst gestaltet

Wenn die Zeit für alle Betroffenen reicht, dann kann auch der Sarg selbst bemalt werden. Ob dazu eine Anleitung wichtig ist, ist nur von der Sicherheit oder Unsicherheit der malenden Trauernden abhängig. Es ist letztlich nicht wichtig, ob das Stück schließlich kunstvoll oder besonders schön ist. In einem bemalten Sarg werden sich am Ende so viele

Wünsche und Gedanken befinden, wie sie für jede Reise – wie fern das Ziel auch sein mag – einen haltbaren Segen bringen können. Jedes gute Bestattungsinstitut wird hier beratend unterstützen.

Grabbeigaben

Für viele Menschen bedeutet es eine große Beruhigung, ihren Verstorbenen Grabbeigaben mitzugeben. Auch dies geschieht im tiefen Glauben daran, dass es eine Seele gibt. Unsere Vorfahren – und alle anderen Menschen der praktizierenden Kulturen auch – wussten, dass Reisen in eine unbekannte Dimension mit Gefahren verbunden sind. Deshalb wurde den Reisenden mitgegeben, was ihnen auf ihrem Weg hilfreich sein kann.

»Don't pay the ferryman,
Don't even fix a price,
Don't pay the ferryman,
Until he gets you to the other side«

»Was immer du tust:
Bezahl nicht den Fährmann!
Leg nicht einmal den Preis fest!
Bezahl nicht den Fährmann, bevor er
dich übergesetzt hat!«
Chris de Burgh

Bei Grabbeigaben zeigen sich Wünsche in symbolischer Übersetzung von Gegenständen, die mit in den Sarg gelegt werden. Diese uralte Tradition, die in fast allen bekannten Kulturen üblich war, ist in Deutschland weitgehend in Vergessenheit geraten. Doch auch dieser fast vergessene Brauch kann wieder belebt werden. Ein gutes Bestattungsinstitut wird auch hier gerne unterstützen.

Gegenstände, die mitgegeben werden, sollen naturbelassen sein. Scherben oder Flaschen sind bei der Kremierung eines Verstorbenen wegen der scharfen Kanten nicht geeignet, denn diese können die Schamottsteine beschädigen. Stattdessen wird ein Brief, ein Bild oder ein ähnlicher Gegenstand den Verstorbenen ein gutes Geleit geben können.

Erdbestattungen

Eine Erdbestattung bedeutet, dass ein Leichnam vollständig in der Erde bestattet wird. Auch für Erdbestattungen besteht der Friedhofszwang. Die Erdbestattung leitet sich aus den Traditionen von Judentum, Christentum und Islam ab. Muslime müssen am Tag nach dem Tod – mit dem Gesicht in Richtung Mekka – beerdigt werden. In Deutschland ist der früheste Beerdigungstermin 48 Stunden nach dem Tod.

Ausgeliehen

Die Nutzungsdauer für ein Grab liegt in Deutschland zwischen zwanzig und dreißig Jahren. Für diese Zeit ist die Grabstelle von den Zugehörigen angemietet, der Platz ist also nicht gekauft, sondern gehört den »Mieter*innen« für einen jahrelangen Zeitraum. Ab dem Zeitpunkt der Bestattung beginnt die Laufzeit für das Grab. Läuft die Zeit ab, kann die Nutzungszeit der Grabstelle verlängert werden.

Wird das Grab aufgelöst, wird es eingeebnet und für eine erneute Nutzung an andere freigegeben. Auch der Grabstein wird entfernt, den jedoch die Zugehörigen als ihr Eigentum betrachten können und beispielsweise in ihren Garten aufstellen können.

In Fötalstellung

Neu – und bislang bei uns nicht erlaubt – ist eine Idee aus Italien, die derzeit aber weder dort noch in anderen Ländern erlaubt ist. Verstorbene werden in eine abbaubare Kapsel (Bestattungshülse) in Fötalstellung gebracht und in dieser Art begraben. Durch die Zersetzung entsteht wieder Erde. Darüber wird ein Same oder ein Baum gepflanzt. Dadurch soll neues Leben entstehen und Friedhöfe könnten sich im Laufe von vielen Jahren in Wälder verwandeln.

Asche zu Asche

> Chemisch betrachtet ist der Aschegehalt ein Maß für den Mineralstoffgehalt. Asche besteht vor allem aus Oxiden und (Bi-)Karbonaten diverser Metalle, z. B. CaO, Fe_2O_3, MgO, MnO, P_2O_5, K_2O, SiO_2, Na_2CO_3, $NaHCO_3$ etc. Im Wesentlichen verbleiben nur mineralische Knochenbestandteile und Zähne (etwa fünf Prozent des Körpergewichts) sowie nichtbrennbare Implantate bei der Kremierung eines Menschen oder Tieres. Weitgehend unbekannt ist es immer noch, dass es während des Verbrennungsvorganges zu einer Anreicherung mit Schwermetallen kommen kann. Dadurch gelangen diese Schwermetalle bei jeder Bestattungsform auch ins Erdreich, bei Seebestattungen ins Wasser.

62 Prozent der Abschiede finden in Deutschland in Krematorien statt, das heißt der Anteil an Erdbestattungen beträgt nur noch 38 Prozent. Hierbei gibt es große Unterschiede in den verschiedenen Bundesländern. So hat sich in Hamburg der Anteil an Erdbestattungen auf nur noch 20 Prozent reduziert. Heute ist auch jede zweite Urne »Bio«, sie zersetzt sich also in der Erde rückstandslos. Das war vor wenigen Jahren noch ein ganz anderes Verhältnis. Da war es jede zehnte Urne. Und dies spricht für eine rasante Entwicklung in unserer Abschiedskultur.

Wird ein Mensch kremiert, bleiben im Schnitt zwischen 1,7 und 2,4 Kilogramm Asche übrig.

Viele Menschen wünschen sich, die Asche ihrer Verstorbenen mit nach Hause zu nehmen. Das wird nach den Bestattungsrichtlinien in Deutschland jedoch (noch) verhindert. In Deutschland herrscht Friedhofszwang beziehungsweise Friedhofspflicht, was bedeutet, dass eine freie Verfügung über die Asche – im Prinzip – nicht erlaubt ist.

Der Umgang im Abschied, was die Asche der Verstorbenen angeht, wird sehr unterschiedlich gehandhabt. Brandenburg bemüht sich um Veränderungen in der Gesetzeslage, ähnlich wie Bremen. Es heißt, ein kleiner Teil, etwa fünf Gramm Asche, könne ohne rechtliche Folgen von den Angehörigen genutzt werden. Und mit diesem Anteil kann durchaus eine ganze Menge getan werden.

> **Grau, teurer Freund, ist alle Theorie,**
> **Und grün des Lebens goldner Baum.**
> Johann Wolfgang von Goethe

Auch hier gibt es eine Grauzone, was rechtens ist und was nicht und wie die Handhabung und Einhaltung in der Praxis aussieht. Die Umwege über das Ausland sind eine Möglichkeit, ein vertrauensvoller Kontakt zu Bestatter*innen eine andere, um ein wenig Asche zu bekommen. Gleichzeitig ist davon auszugehen, dass sich die Vorgaben der Verwaltungen recht schnell ändern werden.

Die Asche und der Friedhofszwang

Veränderungen in der Abschiedskultur haben keineswegs nur vor dem Bestattungswesen Halt gemacht. Selbst Friedhofsbestimmungen und Friedhofszwang haben sich im Laufe der Zeit verändert.

Der FriedWald – RuheForst

Bestattungen dieser Art sind sehr in Mode gekommen. Besonders Naturliebhaber*innen erfreut der Gedanke, unter Bäumen, mitten in einer mehr oder weniger unberührten Natur bestattet zu werden und – wie es unsere Vorstellung ist – dort zur ewigen Ruhe kommen zu können.

Es gibt mittlerweile über 130 verschiedene Wälder in denen die Urnen am Fuß eines Baumes – den sich die Familien und Betroffenen selbst aussuchen können – bestattet werden. Mittlerweile können auch Online-Bestellungen aufgegeben werden.

Lediglich ein kleines Schild an dem Baum weist darauf hin, dass dort die Überreste eines Menschen bestattet wurden. Grabsteine und Blumenschmuck, Kerzen und sonstige kleine Gaben sind hier nicht vorgesehen und werden – falls sie dort platziert wurden – so schnell wie möglich abgeräumt.

Und die Kehrseite

Bislang ist die Frage offen und wenig diskutiert, inwieweit ein natürlicher Ort, wie es ein Wald sein sollte, durch Schwermetalle dauerhaft belastet wird, wenn dort die Asche Verstorbener am Fuß der Bäume vergraben wird. Besonders dann, wenn die Betroffenen eine Krebsbehandlung hinter sich haben, sind ihre Körper oft mit Schwermetallen stark angereichert.

> »Nach einer zytostatischen Behandlung müssten die Toten eigentlich als Sondermüll entsorgt werden. Mit den romantischen Baum- und Waldbestattungen kontaminieren Ökofreaks die unberührte Natur«.
> Unbekannt

Geschützte Räume

Schadstofffreiheit ist eine Illusion. Diese Tatsache ist allen klar, die sich jemals mit Naturkost und Bio-Produkten beschäftigt haben. Und diese Tatsache gilt über den Tod hinaus. Vielleicht sind Friedhöfe doch der Platz, auf dem zumindest allen klar ist, dass hier kein »biologisch« angebauter Salat geerntet werden sollte. Auf Friedhöfen ist ein Raum gegeben, der mit Schadstoffen belastet ist und auf diesen Ort begrenzt wird.

Das Bremer Modell

Es gibt erste Lockerungen im Bestattungswesen, so kann – am Beispiel Bremen und begrenzt auf Bremer Bürger*innen – die Asche nach der Kremierung mitgenommen und verstreut werden. Es gibt dazu allerdings noch ein paar Vorgaben: erstens muss der verstorbene Mensch zuvor schriftlich einen Verstreuungsort zur Ausbringung verfügt haben und zweitens einen Menschen zur Totenfürsorge bestimmt haben. Damit soll verhindert werden, dass die Urne nicht doch auf dem Kaminsims landet. Es darf außerdem beim Verstreuen der Asche keinesfalls zu einer unzumutbaren Beeinträchtigung benachbarter Grundstücke kommen. Die Person, die als Totenfürsorger*in eingesetzt wurde, muss eidesstattlich versichern, dass die Asche nicht bei starkem Wind ausgestreut wird, sonst könnte die Asche in andere Gebiete verblasen werden. Auf Balkonen ist das Verstreuen auch nicht erlaubt, denn durch Regen würde die Asche auf andere Balkone geschwemmt werden.

Viele offene Fragen

Diese Art des Abschieds erspart den Angehörigen durchaus Geld. Ungeklärt ist dabei, was geschieht, wenn ein Grundstück den Besitzer wechselt. Unklar ist auch, was geschieht, wenn ein Ehepaar sich trennt und sich am Ende um mit Asche vermischte Erde streiten würde. Und ebenso unklar ist, was geschieht, wenn Angehörigen verwehrt wird, das Grundstück, auf dem die Asche verstreut oder irgendwann im Garten einen Platz gefunden hat, zu betreten.

»Die Eltern meines Freundes und ich sind nie miteinander klar gekommen. Sie haben seine Asche über die Niederlande hierher geholt und in ihrem eigenen Garten einen Platz für ihn gestaltet. Manchmal gehe ich durch die Straße, doch ich wage mich nicht dorthin. Ich habe keinen Ort, an dem ich ihm nahe sein kann.«
L., die Freundin des Verstorbenen

In vielen anderen Ländern sind die Bestimmungen sehr viel lockerer. Immerhin gibt es auch hierzulande Umwege, die möglich sind. So kann ein Verstorbener im Ausland kremiert werden und dann auf dem Postweg zu den Angehörigen gelangen. Auch Seebestattungen und Friedwaldbestattungen nehmen immer mehr zu. Alle angegebenen Bestattungsformen sind kostengünstiger als Erdbestattungen.

»Ich habe mittlerweile mit meinen 84 Jahren, die ich lebe, schon vier Urnen bei mir im Regal. Was geschieht mit denen, wenn ich eines Tages nicht mehr bin?«
M., aus Texas

Es gibt vieles zu bedenken, wenn die Frage auftaucht, wohin letztlich die Reste eines verstorbenen Menschen kommen sollen. Und möglicherweise kleben wir nahezu an der Vorstellung, dass ein verstorbener Mensch mit seinen körperlichen Resten auf immer verbunden ist. Es scheint sich jetzt schon abzuzeichnen, dass durch das »Bremer Modell« in den nächsten Jahren der Friedhofszwang auch in anderen Bundesländern zunehmend entspannter werden wird. Vielfältige Erneuerungen werden auch vor Verwaltungen nicht Halt machen.

Bleib bei mir

Asche-Amulett

Vielen Menschen ist es ein Trost, etwas zum »Festhalten« bei sich zu haben, wenn ein lieber Mensch verstorben ist. Dazu kann ein Amulett, in das ein kleiner Teil Asche eingefüllt wird, den Betroffenen sehr hilfreich sein. Amulette gibt es in vielfältiger Form, sie werden in Krematorien angeboten. Ein Blick ins Internet kann hier gut weiterhelfen.

»Ich habe mein Asche-Amulett für die Asche von meinem Opa bei Amazon bestellt. Wenn es die dann eines Tages bei Aldi und anderen Discountern gibt, dann ist ein neuer Brauch in der Gesellschaft angekommen!«
R., eine Trauernde

Diamant- und andere Edelbestattungen

Letztlich findet hier keine Bestattung im eigentlichen Sinne statt. Aus einem kleinen Teil der Asche kann ein so genannter »Diamant« oder ein »Rubin«, ein »Saphir« in unterschiedlichen Schliffformen – je nach Aschezusammensetzung – hergestellt werden. Die restliche Asche kann dann urnenbestattet werden.

Diese Steine können von den Trauernden zu einem Schmuckstück verarbeitet und als Anhänger oder ähnliches getragen werden.

Bei der Herstellung wird die Asche unter hohem Druck und großer Hitze gepresst. Die Kosten für einen solchen Stein variieren je nach Größe und beginnen bei etwa 4000 Euro. Damit gehören die so genannten Diamantbestattungen zu den teuersten Bestattungsformen.

Luftbestattung – Deutschland

Bislang ist die Luftbestattung in Deutschland nur über Ost- und Nordsee erlaubt. Zusätzlich muss der Nachweis erbracht werden, dass die verstorbene Person eine innere Bindung zur See hatte. Bei der Luftbestattung wird Asche aus einem Flugzeug, einem Hubschrauber oder Heißluftballon über das Wasser verstreut.

Bislang nur im Ausland erlaubt

Folgende Bestattungsformen sind über den Umweg über das Ausland möglich. Frankreich, die Schweiz, Österreich und Tschechien haben in Bezug auf Bestattungen andere Regeln. Es gibt deutsche Bestattungsunternehmen, die mit Hilfe von Kooperationspartnern im Ausland diese Bestattungsformen anbieten und im Ausland durchführen. Voraussetzung für alle Alternativbestattungen ist die Kremierung eines Verstorbenen Menschen.

> Die Deutschen werden nicht besser im
> Ausland wie das exportierte Bier.
> Heinrich Heine

Luftbestattung im Ausland

Anders als in Deutschland darf im Ausland die Asche über Wäldern – in Frankreich – oder Almwiesen – in der Schweiz – verstreut werden. Angehörige können an dem Flug teilnehmen, auch wenn hier natürlich die Teilnehmer*innenzahl begrenzt ist.

Für diese Bestattungsart ist eine amtliche Genehmigung nötig. Es ist bei einer Luftbestattung auch Voraussetzung, dass die Verstorbenen schon zu Lebzeiten diesen Wunsch geäußert und festgelegt haben. Dies sollte – ähnlich wie bei einer Patientenverfügung – schriftlich niedergelegt werden und am besten von einer weiteren Person bestätigt werden, damit kein Zweifel an der Echtheit besteht.

Tree-of-Life im Ausland

Die Asche Verstorbener wird in Erde gebracht und ein Setzling wächst heran. Nach etwa einem halben Jahr ist – unter Aufsicht in Baumschulen – der Baum groß genug um in der Natur oder im eigenen Garten eingepflanzt zu werden. Auch hier ist der Umweg über das Ausland nötig.

Flussbestattung im Ausland

Bei einer Flussbestattung wird die Urne mit der Asche der Verstorbenen in einem Gewässer beigesetzt. Da auch diese Form der Bestattung nur im Ausland möglich ist, sollte der Wunsch danach schriftlich festgelegt werden.

Felsbestattung im Ausland

In diesem Fall wird die Urne mit der darin befindlichen Asche an einem Felsen beigesetzt oder an dem Felsen verstreut. Es gibt sowohl Einzelfelsen, als auch Gemeinschaftsfelsen für diese Bestattungsform. Mit etwa 400 Euro für einen Platz an einem Gemeinschaftsfelsen und etwa 1800 Euro bis 5000 Euro für einen Einzelfelsen ist zu rechnen. Auch dieser Wunsch sollte zu Lebzeiten festgelegt werden. Diese Bestattung ist im nahen Ausland möglich.

Nachthimmelbestattung

Die Asche Verstorbener wird mit einer Rakete in den Himmel geschossen. Dadurch, dass dies meist abends geschieht, ist der Name Nachthimmelbestattung entstanden. Zusätzlich zu der Asche werden oftmals auch verschiedene Blüten eingefüllt, die sich dann mit der Asche am Himmel verbreiten und verstreuen.

Die Rakete ist mannshoch und vor dem eigentlichen Start findet ein Feuerwerk statt. Dann wird die Rakete hoch geschossen und in circa 300 bis 400 Metern Höhe zerstreut sich die Asche mit einem letzten großen Feuerwerk.

Diese Bestattung ist auch im nahen Ausland möglich.

Weltraumbestattung im Ausland

Bei dieser besonderen Bestattungsart wird Asche von Verstorbenen in eine Mikrourne verpackt. Diese Urne wird später an eine Raumsonde montiert. Dann wird die Sonde mit der Mikrourne in eine erdnahe Umlaufbahn gebracht und dort ausgesetzt. Durch die Erdanziehung gelangt die Aschekapsel wieder in die Erdatmosphäre, verglüht dort und die Asche verstreut sich über die Erde – hiervon ist Deutschland wahrscheinlich letztlich nicht ausgenommen. Möglich ist die Weltraumbestattung in den USA und in Russland.

Die Kosten hierfür belaufen sich zwischen 10.000 Euro und 30.000 Euro. Weitere Kosten für die Bestattung der restlichen Asche kommen hinzu.

Kryonik im Ausland

In Deutschland wird diese Bestattungsform als »Kälteschlaf« bezeichnet. Hier sollen durch sehr niedrige Temperaturen Organe und Gewebe konserviert werden. Das Ziel ist, diesen Menschen zu einem späteren Zeitpunkt wieder aufzutauen, um die Organe wiederzubeleben. Bislang wird Kryonik ausschließlich in den USA angeboten. Die Kosten hierfür liegen zwischen 38.000 Euro und 50.000 Euro.

Aus der Sicht einer Sterbeamme

»Du findest die Vorstellung, dass ich eines Tages sterbe und eine Leiche bin schrecklich? Ach, mein Kind, schau einmal: wenn du dir deine Fingernägel schneidest oder deine Haare beim Friseur schneiden lässt, dann ist das doch auch nicht weiter schlimm. Alle Fingernägel und jedes Haar, die ich in meinem Leben abgeschnitten habe, sind wieder zu Erde geworden und ich habe niemals an sie gedacht. Weshalb sollte das mit meinem Körper irgendwann anders sein?«
Ein Großvater zu seiner Enkelin

Auf seltsame Weise sind wir sehr auf Materie fixiert. Wir fürchten den Tod so sehr und gehen davon aus, dass die sterblichen Überreste unsere Lieben seien. Scheinbar verwechseln wir hier etwas Unzerstörbares, wie es ein Spiritus, ein Geist, eine Seele sein kann, mit dem Körper, der vergänglich ist.

Das Klammern an Materie ist gang und gäbe. Möglicherweise wird genau deshalb so viel darüber spekuliert, so viel darüber gedacht und geplant, wie eine Bestattung verlaufen soll. Wir können uns ein Dasein ohne Materie und ohne unseren Körper ganz einfach nicht vorstellen. Diese Fixierung beginnt nicht erst mit der Versorgung einer Leiche. Schon eine Orangenhaut auf den Schenkeln, oder der beginnende Haarverlust bei Männern sind vergleichbare Dramen. Das Selbstwertgefühl vieler Menschen korreliert mit der Größe des Autos und dem BM-Index. Dann spielt es eine geringe Rolle, wenn tiefe Begeisterung oder großer Schmerz in einem Menschen nicht mehr erkannt werden können.

Der Geist bewegt die Materie.
Vergil

Alles, was lebt, vergeht. Verwelkte Blumen ebenso, wie faulende Tomaten und natürlich auch Menschen und Tiere. Sie werden, wie alles, was materiell ist, wieder zu dem, was sie einmal waren, nämlich zu Erde. Es dauert bei den verschiedenen Organismen auch unterschiedlich lange, bis sie wieder zu Erde geworden sind. Eine besondere Kraft, die »Leben« heißt, hält einen Organismus bis zu seinem Tod zusammen. Fehlt diese Kraft, beginnt jeder Organismus wieder in seine Enzelbestandteile zu zerfallen. Insofern besteht jede Gartenerde, in der unser Gemüse gedeiht, aus Resten ehemaliger Pflanzen, Tiere und Menschen.

Jede Materie, die zu Asche geworden ist, besteht aus Mineralstoffen. Das ist bei Buchenholz nicht anders, als bei Menschen und Tieren. Einzig die Schwermetallbelastung könnte ein Problem für die Nachwelt bedeuten. Es handelt sich hier um Mineralstoffe, um Asche, nicht um unsere Lieben! Und vor Mineralstoffen brauchen wir weder Angst zu haben, noch jene zaghafte Ehrfurcht, die so häufig auf Friedhöfen zu beobachten ist.

Unsere Lieben hinterlassen uns das, was sie jetzt nicht mehr benötigen: den Sternenstaub, aus dem ihre Körper gemacht wurden. Das jedoch ist etwas Universelles, nichts Persönliches, an das wir uns klammern könnten.

Das ganz persönliche Erbe ist etwas ganz anderes. Die Erinnerungen an die bedeutendsten, die schönsten und auch die schrecklichsten Ereignisse und Erlebnisse begleiten uns. Die gemeinsamen Reisen, gefeierte Feste, Urkomisches und

Tragisches verbinden uns mit unseren Verstorbenen. Dieses alles wird niemals irgendjemand oder irgendetwas uns nehmen können, auch wenn jedes Grab schon lange wieder eingeebnet wurde.

»Wenn du eines Tages gestorben bist, dann wirst du in der Erde eingegraben oder?« – »Oh, nein, wie kommst du denn darauf? Stell dir einmal vor, wenn ich eines Tages tot bin, kommen Menschen und werfen mir Erde auf den Kopf! Nein, dann müsste man doch die Polizei rufen! Sieh, das ist wie mit einem Bonbon: das Leben ist zu Ende und »der Bonbon ist gelutscht«. Wohin der Bonbon gekommen ist, das wissen wir nicht. Nein, bei Beerdigungen wird nur das Bonbonpapier begraben, nicht der Bonbon«.
Eine Großmutter zu ihrer Enkelin

Gedankensprung

Es ist notwendig, über den letzten Atemzug hinauszudenken, um der Frage nach Geist und Materie näher zu kommen. Einige vergebliche Versuche, unsere Lieben in den Himmel zu schicken und ihnen nur auf dem Friedhof oder Friedwald nahe sein zu können, zeigen, wie begrenzt unsere Vorstellungen sind.

Wenn in einem lebendigen Organismus eine Seele existiert, dann gibt es ein Gegenüber, das weit über materielle Reste hinausgeht.

Vielleicht finden wir unsere Lieben im Windhauch, im Bratenduft und in der Musik viel eher, als dort, wo sich ihre sterblichen Überrest befinden.

Festhalten

In der Form, in der ein Mensch gelebt hat, wird dieser nie wieder erscheinen, das ist klar. Das bedeutet auch, dass wir einen wehmütigen, einen traurigen, einen wütenden oder vielleicht dankbaren Abschied gestalten, wenn ein naher Mensch gestorben ist. Die Überreste jedoch mit der Seele zu verwechseln und darauf fixiert zu sein, könnte sowohl uns als auch unseren Verstorbenen eventuell sogar hinderlich sein.

Teil IV
Das spirituelle Vermächtnis

> Woran Du glaubst, dafür sollst Du leben und sterben.
> Unbekannt

Unabhängig davon, ob wir weiterleben oder ob wir uns auf den Abschied vorbereiten, ist Weiterdenken angesagt.

Wer weiterdenken kann, kann auch weiter handeln.

Angst – mit allen begleitenden Monstern – macht eng. Und es gilt, über diese Ängste hinweg zu hüpfen. Da niemand weiß, wann das letzte Stündlein für wen schlägt, ist es sinnvoll, dass alle Beteiligten sich diese Fragen gegenseitig beantworten. Das hat mehrere Vorteile, denn dadurch...

1. wird die Sprachlosigkeit erlöst,
2. wird nicht nur um Banalitäten herumgeredet und
3. ist es ein großer Trost für Betroffene in ihrem Abschiedsprozess, wenn alle sagen, bestätigen und wissen: »Ja, wir sind auch sterblich!«.

Aus der Beantwortung der folgenden Fragen kann so etwas, wie ein »spirituelles Vermächtnis« entstehen. Deswegen macht es Sinn, die Antworten aufzuzeichnen. Diese Aufzeichnungen können einen Menschen noch sehr viel später, auch wenn er schon lange gestorben ist, lebendig halten und sehr, sehr nahe zu den Lebenden bringen.

> Wer weiß, wer ich bin? Ich wandle und wandle mich.
> Rainer Maria Rilke

Einige Fragen:

1. Was möchtest du zu Lebzeiten noch erleben?
2. Was möchtest du im Leben noch erreichen?
3. Was wünscht du dir, wann und wie sich deine Lieben an dich erinnern können und sollen?

- Durch welche Kochrezepte
- Durch welche Reiseziele
- Durch welche Landschaften
- Durch welche Musikstücke
- Durch welche besonderen Fähigkeiten
- Durch welche Gerüche
- Durch welche Gegenstände
- Durch welche besonderen Bücher
- Durch welche Theaterstücke/ Filme/ Märchen
- Durch Automarken/ Sportvereine/
- Durch welche Dialekte und Redensarten
- Usw. Usw.

4. Welche urkomischen Geschichten über dich sollten sich noch deine Enkel, laut lachend amüsierend, über dich erzählen?
5. Welche ganz besondere Qualität hast du durch dein gutes Beispiel an die nachkommenden Generationen vererbt – verbunden mit der Hoffnung, dass sie es annehmen werden?
6. Was hast du bewusst anders gemacht, als die Generation vor dir?
7. Welchen Rat gibst du jungen Menschen mit auf ihren Lebensweg?
8. Auf welche Fragen hättest du gern geantwortet, wenn sie dir nur einmal gestellt worden wären?
9. Wofür bist du dankbar?
10. Was hast du für Hoffnungen, was passiert, wenn du gestorben bist?
11. Was hast du für Hoffnungen im Leben?
12. Welche Verstorbenen sind dir nahe?
13. Welche Lebenden sein dir nahe?
14. Welche Verstorbenen sind dir fremd?
15. Welche Lebenden sind dir fremd?
16. Hast du noch mit Verstorbenen ein »Hühnchen zu rupfen«?

17. Hast du noch mit Lebenden ein »Hühnchen zu rupfen«?
18. Welchen Verstorbenen bist du dankbar?
19. Welchen Lebenden bist du dankbar?
20. Hast du einen Gott?
21. Was glaubst du, ist der Sinn des Lebens?
22. Was glaubst du, ist der Sinn des Sterbens und Totseins?
23. Was hältst du in deinem Leben für sinnlos?
24. Was hältst du in deinem Sterben und Totsein für sinnlos?
25. Was machst du, wenn du tot bist?
26. Was machst du, wenn du lebst?
27. Wie könntest du deine Lieben erreichen- egal ob im Leben oder im Tod?
28. Wie könntest du, wenn du tot bist, mit deinen Lieben weiterhin gut zusammen arbeiten?
29. Wie könntest du, wenn du lebst, mit deinen Lieben weiterhin gut zusammen arbeiten?
30. Welche Kraft kann dich im Leben, im Sterben und im Tod gut beschützen?
31. Was meinst du, wo du landest, wenn du gestorben bist?
32. Wo bist du in deinem Leben gelandet?
33. Welche Aufgaben meinst du, kannst du übernehmen, wenn du gestorben bist?
34. Welche Aufgaben kannst du übernehmen in deinem Leben?
35. Welche Wünsche hast du, was deine Lieben für dich tun können, wenn du gestorben bist?
36. Welche Wünsche hast du an deine Lieben jetzt im Leben?
37. Glaubst du, es gibt ein Paradies nach dem Tod?
38. Meinst du, es gibt ein Paradies auf Erden?
39. Was müsstest du tun, um dahin zu kommen?
40. Steht dir ein Paradies im Tod zu?
41. Steht dir ein Paradies im Leben zu?

42. Kennst du einen guten und lustigen Witz über das Leben nach dem Tod? Dieser könnte an deiner Beerdigung erzählt werden.
43. Hast du einen Wunsch?
44. Stell dir vor, du hast ein Gespräch mit dem Sensenmann. Was wolltest du ihm immer schon mal sagen oder fragen?
45. Und stell dir vor, du hättest ein Gespräch mit dem Schicksal. Was würdest du dem Schicksal sagen oder fragen wollen?
46. Stell dir einmal vor, du hättest ein Gespräch mit Gott – Gesetz der Fall, Gott existiert. Was würdest du Gott sagen oder fragen wollen?
47. Stell dir einmal vor, du hättest ein Gespräch mit dem Leben. Was würdest du dem Leben an Fragen stellen wollen oder sagen wollen?
48. Stell dir einmal vor, du hättest ein Gespräch mit der Natur. Was würdest du fragen wollen oder sagen wollen?
49. Stell dir einmal vor, du hättest ein Gespräch mit einem Schutzengel – so es diesen gibt. Was würdest du fragen oder sagen wollen?
50. Stell dir einmal vor, alle behandelnden Mediziner*innen stehen vor dir. Was würdest du sie fragen oder ihnen sagen wollen?
51. Stell dir einmal vor, es gibt in dir eine unsterbliche Seele. Diese sitzt auf deinem Bettrand. Was möchtest du ihr sagen oder sie fragen?